三村正夫 著

セルバ出版

はじめに

本書を手に取られた多くの熟年男性の方に深く感謝申しあげます。

読んでいただいて、奥様との日常のコミュニケーションやさらに奥様のことを今以上に考えていただき、本書のテーマである熟年離婚にいたらないようになれば私のこのうえない喜びです。

現在の日本は、３組の結婚と同時に1組の離婚が起きています。令和2年に離婚した夫婦は約19万組ですから、数字上はほぼ2分ごとに1件の離婚が成立していることになります。

平成19年の厚生年金の年金分割制度導入で、熟年離婚も増加の一途のようです。但し、平成14年をピークに離婚の総数は、減少してきています。これは、離婚する総数は減少したといえ、結婚する総数も少なくなっているからです。なので、実感としては減少しているとは感じないのではないかと思います。熟年のあなたも年金分割と聞いて、多少とも興味をもたれたのではないかと思います。

私は社会保険労務士ですが、14年ほど前から、離婚にともなった年金分割の相談が多くなってきました。その中で、私が、最近最も気になるケースが、熟年離婚にともなう年金分割です。

こんな例があります。ある日突然、妻から離婚を宣告され、話し合いの結果、夫のただでさえ少ない年金である厚生年金と国民年金で毎月15万円の年金から奥様に4万円ほど、年金分割により減額され11万円の年金になってしまうことを、やむなく覚悟されました。

年金相談を終えて当事務所をあとに出ていくときの、あの哀れな、さみしげな、熟年男性の後ろ姿を見ると、相談のたびにいつも胸が痛みます。そして、現在のコロナ禍の時代においては、にわかにコロナ離婚という言葉を耳にする機会が多くなってきたように感じます。離婚というキーワードがこの新型コロナ感染症拡大により以前よりも身近に感じられるようになってきました。本書を手に取られた多くの熟年男性も私と同じ気持ちではないかと思います。人生の晩年、何故あのような形になってしまったのか、離婚しなくてもなんとかなる方法はなかったのかと胸が痛むのです。

本書は、熟年男性の離婚にそなえるため最低限心得ていただきたい、年金分割の仕組みや、年金分割の対象にならない民間の保険会社の年金などの仕組み、年金相談などをとおして、私なりに感じている日常の妻との対応策について解説しています。また、万が一、熟年離婚に至ってしまったときに、一方的に奪われていく家や財産、子供の親権、年金に対しての自己防衛対策としてのベストな方法と考え方を、社会保険労務士・FPの立場から役立ちたい思いで提供しています。今回の改訂版では熟年離婚の延長線にあるコロナ離婚も含めて記載しております。本書が、日本の多くの団塊の世代から熟年男性に迫りくる離婚の危機から回避するきっかけの1つになればこの上ない喜びです。

また、この度は増刷となりました。深く感謝し申し上げます。

2022年7月

三村　正夫

改訂版　熟年離婚と年金分割
―熟年夫のあなた、コロナ離婚などないと思い違いをしていませんか　目　次

序章　熟年離婚をヒトゴトだと思っていないか

1　熟年離婚は突然あなたを襲う

3組の結婚に対して1組の離婚

日本では、3組の結婚に対して1組の離婚があるといわれていますが、離婚とはそもそも何なのか、考えてみます。

日本国語大辞典の第2版（小学館刊）によると、離婚とは「夫婦が生存中に婚姻を解消すること。日本の法律では協議離婚のほか、裁判上の離婚、調停による離婚が認められている。夫婦わかれ。」であると記載されています。

日本の法律では、離婚について民法（明治29年法律第89号）第763条から第771条に規定があり、その他、戸籍法（昭和22年法律第224号）、家事審判法（昭和22年法律第152号）、人事訴訟法（平成15年法律第109号）及びこれらの附属法規において定められています。

また、日本の現行法では離婚の形態として、協議離婚（協議上の離婚）、調停離婚、審判離婚、裁判離婚（裁判上の離婚）を規定しています。

本書は、離婚についてこれらの法律面での考え方を論じるものではありません。

これらの離婚に関しては、社会的な法律も整備されており、離婚の相談相手として弁護士、離婚プランナーなど様々なコンサルタントもおられ、また離婚本も多数出版されていますので、本書では割愛します。

離婚とは

離婚とは、前述の日本国語大辞典にある「夫婦別れ」であり、心理的には心が離れることで夫婦別れは既にスタートしています。法律的には離婚の形をとっていなくても、心が離れていて、お互いの心が見えなくなっていれば、それはすでに離婚の状態になっているといえます。

このような視点でみれば、現在の日本人の夫婦は3組に1組ではなく2組は離婚の状態にあるのが日本の現状ではないかと思います。

しかも、かつて日本経済を支えてきた、昭和22年から26年までに生まれた団塊の世代からいわゆる50代の熟年世代には、この離婚まで至っていない離婚状態になっている夫婦はさらに多いのではないでしょうか。

人類は大きく分けて、男と女の2種類に区分できますが、婚姻とは、本来男と女がたまたま愛し合い結び合うことで、結果的に社会的にも生産性を高めるものがあります。その一番大事なポイントである心臓部分の心が相違していれば、やがて逆に社会的にも生産性はマイナスになってしまうものなのです。

本書では、一般的な法律論による離婚ではなく、この心の相違による、離婚状態になっている団塊の世代や熟年の離婚やコロナ離婚について考えていくことにします。

離婚状態にある方は、３組に２組

ところで離婚状態にある方は、３組に２組ではないかというお話をしましたが、このことは何を意味するのでしょうか。

そうです。このことは、熟年夫にある日突然妻から離婚を宣告される可能性が、大変高くなってきているということです。

現に、定年を迎え、老後を妻と仲良くと思っていた矢先に、突然の妻からの離婚の申出を受けます。「あなた、お世話になりました。私とは別れてください」

もしあなたが、長年連れ添ってきた妻から宣告を受ければ、どのような気持ちになりますか。

行政書士の業務の１つである離婚協議書の作成相談などの経験等も踏まえて言えることは、このような宣告を受けると、ほとんど妻の離婚宣告は取り消せないという現実です。

ほとんどの夫は、そんなこと言わないで、これから仲良くしてやっていこうとお話されますが、夫の申出のほとんどは妻に受け付けていただけないというのが、私の率直な感想です。

その後はどうなるか。話し合いで合意しないときは、調停等を通して、離婚していくわけですが、そのほとんどのケースが、マイホーム・退職金などの財産を半分奪われ、おまけに老後の頼りにしていた年金も半分奪われ、あげくのはては、企業戦士であった夫は、子供とのふれあいも弱いため、そのほとんどが妻の親権などになってしまい、老後は孤独なアパートでの一人住まいといった現実は、最近では珍しくなくなってきているのです。

信頼していた妻から捨てられる

あなたは、サラリーマン時代、日本経済を支える企業戦士として、家庭を犠牲にしてまで、仕事に没頭してきたのです。

悲しいかな、いわゆる20年以上結婚期間がある熟年離婚で一番多いのが、サラリーマン時代にモーレツ社員で頑張ってきた方に、このような離婚に至るケースが多いということです。

会社は、あなたの老後まで面倒などみてくれません。信頼していた妻から捨てられるのです。

これこそ私は、熟年男性の悲劇ではないかと思います。

2　突然言い渡された離婚の宣告をほとんど覆せない

妻から突然別れてくれと宣告される

熟年夫は、妻から突然別れてくれと宣告されても、大半が受け付けないか、妻の話をしっかり聞こうとせずにいたずらに時間を過ごしてしまうケースが多いようです。

ましてや、60歳になって、これからというときに宣告されれば、お前何をアホなこと言っているんだと一喝されてしまうでしょう。

今団塊の世代に近い方々は、今日の日本経済を支えてきた方であり、毎日残業、残業、たまの休日は接待ゴルフと会社に命を掛けてきている方が多いのです。

このように頑張ってきたのも、家族のため、そのお陰で、子供は大学も卒業して、これからは専業主婦で頑張ってきた妻に、サラリーマン時代はなかなかできなかった、妻孝行をしたいなと思っているからです。

こうした夫の気持ちは十分理解できます。私は現在67歳ですが、サラリーマン時代には、前記のように考え、とにかく定年まで勤務することが、日本人のサラリーマンとしての基本であると考えていたからです。

サラリーマンの夫が、考え方を変えなければならない時代

ところが、12年ほど前から年金分割や離婚協議書の作成相談などを経験するにつれて、60歳定年を迎えて希望どおりに、家庭が進展していくことは、たやすいことではないと、つくづく実感する次第です。そのことからも、サラリーマンの夫が、考え方を変えなければならない時代になってきたのではないかと思うのです。

3　退職金・財産・子供・年金などをはぎ取られる夫たち

妻の離婚の申出を放っておくとどうなるか

先ほどのケースのように、妻の離婚の申出を放っておくとどうなるかです。妻の話を取りあわずにいると、やがて妻は家庭裁判所に離婚の調停を申し出ます。

日本では、お互いの話し合いで離婚できないときは、家庭裁判所で調停を行うという、調停前置主義を採用していますので、いきなり裁判で離婚とは行かないわけです。

そのようになれば、夫は妻と調停の場で話し合わなければならなくなってきます。ここまできて、夫たちは戸惑うわけです。またここまできてしまうと、復縁はほとんど期待できず、別れていくケースが大半です。

熟年夫のほとんどは、このような状態になれば、どうしていいのかわからずに、呆然と戸惑ってしまうのです。

皆さん、想像してみてください。

最愛の妻から、予想もしない離婚の宣告を受けたと仮定してみて、夫の気持ちがどのようにいたるかを想像していただきたいのです。

愛人がいて、妻とは機会があれば別れたいと思っているような夫の場合は考えないものとして話をすすめます。

やがて、調停を何回かして、話し合うわけですが、この話し合いがまとまらなくなれば、裁判で離婚を争うことになります。

現実は裁判までいかなくて、調停の場で離婚の話し合いがまとまるケースが大半ではないかと思います。

調停での話合いの結果どうなるか

果たしてこの調停での話し合いの結果どうなるかです。

熟年男性には想像つかないと思いますが、大変厳しい結果がまっています。

それは、定年まで家族のためにと、ただひたすら頑張って築いてきた財産などのうち、婚姻したときから築いたものに関しては、原則半分妻に渡さなければいけなくなってきます。

例えば、マイホームはどうなるでしょうか。

かりに3000万円の家を結婚後購入していれば、原則半分ずつに分けるわけですが、家を売却して、半分ずつ分けるというよりも、大半が、妻が家に住み続け、夫は妻に家を渡したあとも、住宅ローンを払い続けるといったケースが多いような気がします。子供は当然妻と一緒に過ごされることになっていきます。

子供については、熟年層の場合、年齢的に親離れしているので、離婚による養育費の問題はあまりないでしょう。

肝心の年金も、夫の厚生年金は妻との婚姻期間について原則半分に分割されてしまうわけです。

マイホーム・子供・年金は奪われてしまう

マイホーム・子供・年金は奪われてしまうわけです。

このような熟年離婚した男性が現実に多くなってきています。

あなたの周りの離婚された方を想像してみてください。熟年でさびしく一人暮らしをしている方はいらっしゃいませんか。

4　夫の孤独な一人暮らし

熟年離婚した後どのような人生になっていくか

ここで、考えていただきたいのは、熟年離婚して、その後どのような人生になっていくかです。

毎日の食事は自炊、自炊ができなければ、外食になってきます。

私の経験では、今現在団塊の世代や熟年夫たちは、現役時代ほとんど家のことは妻に任せで、やってこなかった方が大半ではないかと思います。

このようなことを考えると、夫だからといって、家事をすべて妻任せにすると、そのつけは、熟年で離婚したときには、想像以上に苦労することになってきます。

60歳前後から、家事全般を自分でやりぬいていかなければ、生きていけないというのも、確かに辛い話です。

かわいい子供は、どちらかというと、母親についていきますから、父親としての存在感は弱くなります。それは、人生でこれまで経験したことがない、孤独を味わうことになります。

まして、仕事もしていなければ、会話する相手もなく、このときになって初めて妻のありがたさがしみじみわかってくるようになってきます。

熟年男性の熟年離婚の最終的な行先

さびしいアパートかマンションでの一人暮らしをすることになれば、あなたはそのことに耐えて生きていけますか。

この現実が、熟年男性の熟年離婚の最終的な行先なのです。

このようなケースに至らないで、また、新しいパートナーと巡り会い、幸福な人生を送れる方は、きわめて少ないでしょう。

人生、男性の平均余命は81歳といわれています。もし、あなたが、60歳であれば、あと21年間の人生をどのように生きていくか、真剣に考えないといけません。

熟年男性の夫の皆さん、妻と離婚するということは、このような現実と向き合わなければいけないということです。

うちの妻は、大丈夫と思っている夫の皆さん、妻の誕生日、結婚記念日、家の家事の手伝いなど、やっておられますか。

今からでも遅くはありません。妻の立場で、妻のことを考えてみてください。

きっと答えがあなたの心の中にあると思います。

1章　ウィズコロナ時代、夫たちが必要最低限知っておくべき離婚の知識

1　妻から離婚の宣告を受けたときあなたならどうする

妻から離婚を告げられたときの夫の対応タイプ

あなたが、仮に55歳、会社では部長で、超多忙なサラリーマンだと仮定しましょう。仮定してみると、次の３つのタイプに分かれます。

その１、今さら何をアホなことを言っていると言って取りあわない。

その２、とりあえず妻の気持ちをしっかり聞く。

その３、妻が本気であれば離婚を承諾する。

今さら何をアホなことを言っていると言って取りあわない

その１のようなケースで、放置していくとやがて修復できなくなり、家庭裁判所での話し合い（いわゆる調停）に進んでいくと思います。

そして話し合いで、離婚の話がまとまらないときは、裁判になってきます。

裁判の前に、調停を必ず実施しますが、これを調停前置主義と呼んでいます。

悪意なケースでは、離婚を急ぐ妻から勝手に離婚届を役所に提出され受理されると離婚が成立してしまうことがあります。

そうしたことを防ぐため、心配であれば離婚届の不受理申出制度があります。申出受理日から6か月間は、離婚届が提出されても受理されないという制度がありますので記憶しておいてください。

そして、通常調停は、毎月1回のペースで5・6回継続して話し合い、それでもまとまらないときは、裁判に移行していくことになります。

裁判所が離婚を認めてくれる要件

裁判になると、次の要件に該当しないと裁判所は離婚を認めてくれません。
①相手に不貞行為があったとき
②相手から悪意を持って遺棄されたとき
③相手の生死が3年以上不明のとき
④相手が重度の精神病にかかり回復の見込みのないとき
⑤その他、婚姻を継続しがたい重大な事由があるとき
この要件についていて離婚できるケース・できないケースについては、別の機会にゆずります。

前記の事例のように、あなたが妻と別れたくなく、前記の5つのことに該当しなければ、妻がいくら別れたいと言ってきても、別かれなくてもいいのです。逆に拒否できるわけです。

ただし、あなたが不倫などして、その証拠を妻が握っているようなケースでは、拒否することは当然無理な話になってきます。ちなみに熟年離婚は、要件⑤のケースが多いと思います。

とりあえず妻の気持ちをしっかり聞く

その2のようなケースは、意外と早めに妻と話し合いをしかっりしておれば、お互いのわだかまりも消えて、修復することもあると思われます。

ただし、熟年になってからの申出はなかなか覆せないようです。

妻が本気であれば離婚を承諾する

その3のようなケースになると、離婚の合意がなされていますので、調停・裁判を経ることなく、お互いの話し合いによる協議離婚ということになります。

この協議離婚が、離婚の9割近くしめています。

これは、離婚届にお互いがサイン押印してその用紙を役所に届け出ることにより、離婚が成立することになってきます。

このケースのときは、離婚協議書に子供の親権、養育費、財産分与、年金分割、慰謝料などをしっかり取決めしておくことをお勧めします。

離婚はしたが、2年の時効ぎりぎりに、ある日突然別れた妻から財産分を求めてくることも予想されます。そのとき、夫のあなたの人生設計が狂わないようにしておかなければなりません。

財産分与は、離婚の原因に関係なく、婚姻期間中に築いた財産は原則半分もっていかれると考えたほうがいいでしょう。

慰謝料の時効は3年、年金分割の時効は2年

ちなみに慰謝料の時効は3年、年金分割の時効は2年となっています。

ですから、しっかり離婚協議書に定めておかないと、最長3年間請求のリスクを伴います。

また、離婚協議書はその法的な効力をたかめるため、できれば公証人役場で公正証書にしておくことお勧めします。公正証書にしない離婚協議書では裁判所に対してすぐに強制執行までできません。夫のあなたからみれば、取り決めたものを支払わないと、裁判所から支払えといわれるということです。

55歳の超多忙なサラリーマンはほとんどがその1のタイプになってくる

もし、事例のような55歳の超多忙なサラリーマンで、やり手の社員であれば、妻に対しては、ほとんど前述のその1のタイプになってくるのではないかと予測します。そして、多忙なことを理由に話し合わなければ、いずれ調停に臨むことになってきます。

2　いきなり裁判にはならない（調停前置主義）

調停のしくみ

この調停というのは、妻が家庭裁判所に、離婚したいので、話し合いの場をもつということです。

これは、家庭裁判所からの呼び出し（出頭命令）があり、その日に家庭裁判所の調停委員2人（男女1名ずつ）と、家事審判官が妻と夫との話し合いの仲介を、お互いが顔を合わせないで、交代により、調停委員と話し合う仕組みになっております。

これは、裁判ではありませんので、先ほどの離婚の5要件などは必要ありません。お互いの話し合いで、合意ができれば、その合意の日にその内容で、調停が成立することになります。

このときに調停調書が作成されるので、取決めに不足がない限り、お互いの権利義務が明確になりのちのち安心です。

男性の側からみれば、子供さんの養育費の支払いが滞ると、あなたの給与に差し押さえの通知が裁判所からくるかもしれないということです。

離婚の法的な流れ

離婚の法的な流れは、図表1のようになっています。

ちなみに、この離婚の法的な流れについてよくご存じの方も近年は多くなっています。

この背景には、平成17年のテレビドラマ渡哲也と松坂慶子が主演した『熟年離婚』が話題になったことや、昭和51年に作家の堺屋太一氏が発表した小説『団塊の世代』から団塊の世代という言葉が日常的に使われるようになってきたことも、団塊の世代や熟年の方が離婚の法的な流れまで理解するきっかけの1つになってきたのではないかと思います。

【図表1　離婚の法的な流れ】

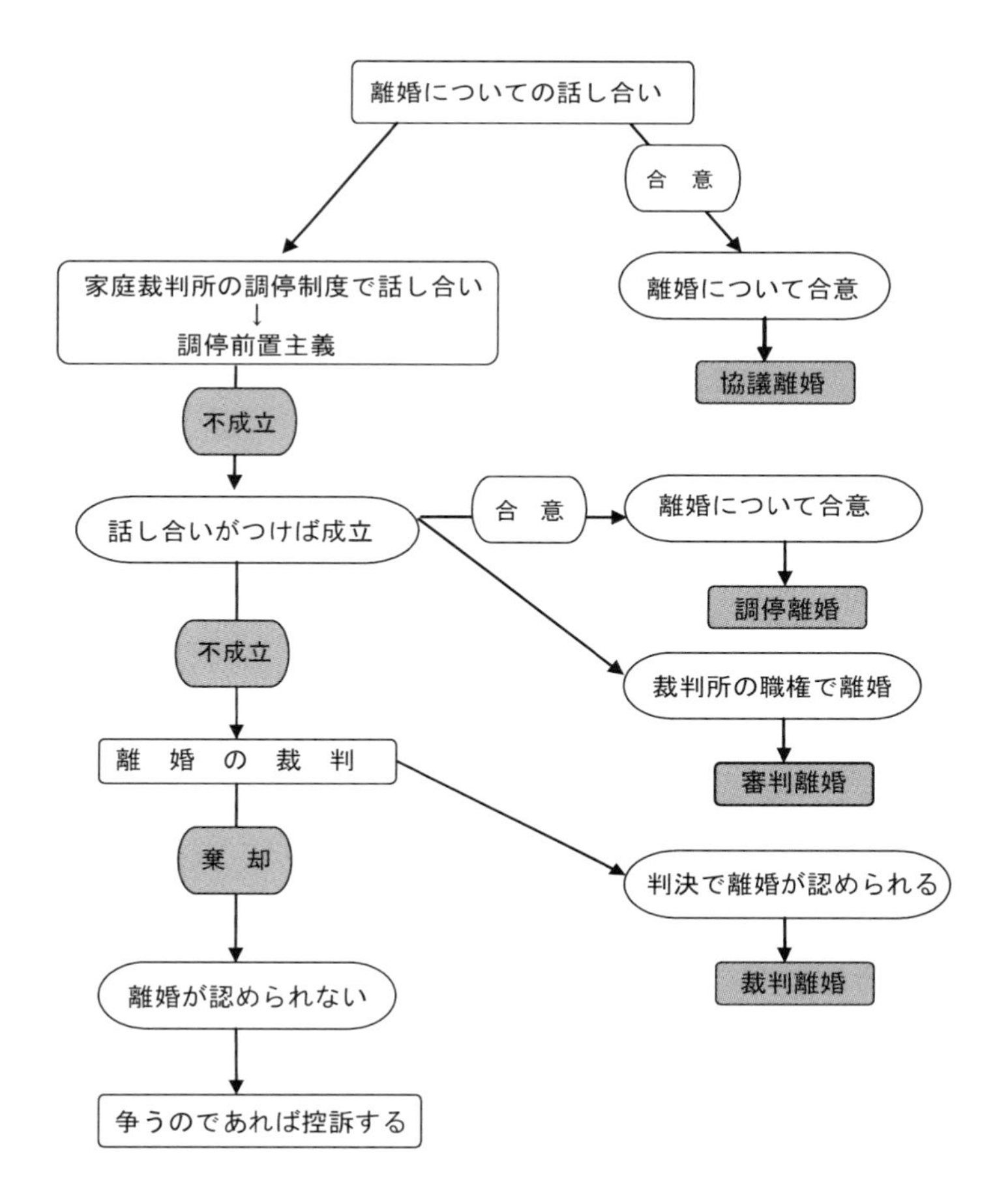

3　財産の分割は結婚後に築いた財産（親からの遺産相続は対象外）

離婚で財産はどうなるのか

ここでは、熟年男性に是非とも理解していただきたい離婚で財産はどうなるのかをみてみましょう。

大半の夫の場合は、マイホームのことが気になるところと考えます。マイホームはローンで購入しているケースがほとんどかと思います。

55歳のＡさんの例

事例で考えましょう。

Ａさん　55歳　マイホーム　時価で３０００万円
住宅ローン残高　１０００万円
購入時期　結婚後

このような資産状況ですと、

３０００万円―１０００万円＝２０００万円

この２０００万円の半分までの１０００万円までの部分に対して、財産分与の申出の可能性があるということです。

財産分与

仮に、ローンが大きくマイナスになるようでしたら、マイナスの財産を分けるということですが、現実にはできないケースが多いのです。したがって、賃貸料を支払って、ローンはそのまま支払い続けるとか、その他財産で調整して、妻がとりあえず住み続けるといったケースが多いようです。

ここで、夫のほうはビックリするかと思います。

「わしらは、どこに住めばいいのか」は大変な問題です。

住む家がほかになければ、マンションかアパートの一人住まいという現実が重くのしかかってきます。

妻が不貞をして、愛人と早く一緒になりたいようなケースは別として、一般的には夫たちのほうは、寂しい一人暮らしが待っているということです。

ただし、夫が、ご両親の財産を何億円も相続した財産は、原則この財産分与の対象にはなってこないので、ご安心してください。

仮に、妻に親の相続分も含めて多く財産分与をすると税金が課せられる可能性もありますので、財産が高額な財産分与は税理士等の専門家に事前にご相談されることをお勧めします。

これら財産分与は、どちらが離婚の原因をつくったかといった点は考慮しないで決めますので、ご留意ください。

本書では、離婚に至らないための本ですので、離婚による財産分与、慰謝料などの詳細な記載は省略させていただいています。あくまでも熟年男性の夫に、是非知っておいていただきたいことをまとめています。

4　いきなり妻からの離婚請求では慰謝料はほとんど心配なし

離婚時の慰謝料

ところで、離婚となると、たいていの夫の場合には慰謝料はどうなるのかと頭をよぎるでしょう。

離婚時の慰謝料とは離婚の原因をつくった有責行為や離婚にともなう精神的苦痛に対して、苦痛を受けた夫婦の一方が、相手側に求める損害賠償のことです。

有責行為とは、一般的に不貞行為、暴力行為、生活費を入れない、性的交渉をもたないなどといわれています。

慰謝料の請求の対象になるケース

したがって、熟年夫であれば、浮気でもしていないかぎり、バリバリのサラリーマンが多いと思いますので、この慰謝料の請求の対象になるケースは少ないのではないでしょうか。

熟年のケースのときは、夫婦の長年の積もり積もってきたものが、夫への離婚の宣告となっており、具体的な慰謝料請求までいかないケースが大半ではないかと思います。

慰謝料といっても芸能界のように何億円というのは、一部のお話であり、大半は１００万円から３００万円までの金額です。ですから、熟年離婚では特別の有責行為がなければ、慰謝料についてはそれほど心配しなくてもいいのではないでしょうか。

5　子供が小学生低学年であれば、夫の親権獲得は厳しい

子供の親権

次に、子供の親権について考えてみます。

熟年男性であれば、子供はすでに社会人になっている方や、まだ中学生・高校生といったケースが大半で、小学校低学年の子供のおられる方は少ないのではないかと思います。

まず小学校低学年の子供の親権についてみると、妻と離婚するとき、親権は一般的には妻になってきます。

どうしても子供と離婚しても会いたいと思われるのであれば、毎月一回面接をするといった面接交渉権というのがありますので、頭の中に入れておいてください。

次に、中学・高校の子供については、親権を話し合いの結果、夫ということも十分考えられます。

夫の皆さんには、モーレツサラリーマンの方が多いので、これまで、子供のことは妻に任せきりといった方が多いと思います。

こうなると、やはり子供は妻とともに、生きていくケースを選択してしまうようです。

普段から家族に話しておき、父親のお仕事のことを理解してもらう努力

夫の皆さん、ご自分のことを考えてみてください。これまで、何かあれば母親に相談してきませんでしたか。父親にまず相談するという子供はほとんどいないのではないでしょうか。

父親の立場から考えれば、俺が大黒柱で、懸命に働いてきたからこそ、家族がこれまで食べていけたことをどう思っているのかと、言いたくなる気持ちです。

しかし、妻や子供は、父親の職場や大変なお仕事のことは、理解できないのが普通です。ですから、父親が思うほど、家族は父の苦労は理解していないと考えるべきです。

父親のあなたの仕事が大変なことも、普段から家族の方に話しておき、父親のお仕事のことを理解してもらうように、努力するべきではないでしょうか。

このことは家族の団結にもつながってくると思います。

子供の養育費の相場

ちなみに、離婚ということになれば、子供が原則20歳になるまで、養育費は一人３万円から４万

円が相場ではないかと思います。これは、「東京・大阪養育費等研究会」が発表した養育費算定表が基準となって目安を定めています。夫や妻の所得と子供の人数により金額の目安がわかるようになっています。インターネットで簡単に検索できますので、参考にしてください。

あなたの子供の養育費の相場が理解できるのではないかと思います。

6　妻からの理由なき宣告は妻側の不倫の可能性あり

妻からの理由なき離婚の請求

離婚協議書の作成相談などの経験でいえる例として、妻からの理由なき離婚の請求があります。具体的な内容については、守秘義務がありますので公開できませんが、傾向としていえることは、傍目には素晴らしい夫なのに、何故そこまでして離婚しなければいけないのかと首をかしげたくなるようなことが散見されることです。

夫が浮気をしているとか、生活費をよこさないなどの理由があれば、納得できるのですが、ただ、嫌なので別れたいというようなことなのです。

理由なき離婚請求は、何か妻に男性の匂いを感じる

一概には言えないと思いますが、このような理由なき離婚は、何か妻に男性の匂いを感じます。

何か匂いを感じるときは、一度じっくりこれまでの妻の日常で、化粧が派手になったとか、携帯のメールを頻繁にしているとか、なにか心に引っ掛かるところがないか、十分検討されることをお勧めします。

そのようなケースでは、万が一離婚に至るときでも、夫にいくらかでも有利な離婚の内容にしていけるのではないかと思います。

ただし、証拠をつかむのは大変難しいので、専門の探偵などに依頼するのも一法です。

最近は、このようなケースも珍しくなくなってきています。熟年のケースでは、子供さんが高校などを卒業されて、妻の子育てが一段落した頃に、パートにでるといったケースに多いようです。

うちの妻は大丈夫と思っていないか

熟年男性の夫の皆さん、うちの妻は大丈夫と思ってはいけません。

妻とコミュニケーションができていますか。

私は、サラリーマンの日本生命時代に多くの女性職員をみてきましたが、女性はいくつになっても愛されたいのです。自宅を出た瞬間に母親から「女性」に代わるのではないかと思います。

妻を一人の女性として、見てあげていますか。疑問符がのこる方であれば、妻がパートに行っているというときは、十分危険があると思うべきです。世の中には、不倫は文化などと公言する方もいるのです。妻を本当に愛せるのはあなたしかいないのです。

7　コロナ離婚について

今日の世界及び日本は新型コロナ感染症拡大により、従来からの働き方を変えていかないと対応できない時代に突入しています。その中で多くの企業がテレワークを導入してきています。自宅に居ながらビジネスを展開していこうというものであります。

この流れの中で最近顕著になってきているのがコロナ離婚です。夫が在宅勤務になったことにより、ＤＶが増えたとか、夫と四六時中顔を合わせるため、これまで気にならなかったことが顕在化したり、働いていた女性も在宅ワークとなることにより、慣れない仕事でさらにストレスを感じたりしてきています。

このような「家の中」という密室で逃げ場がないので、夫婦関係がぎくしゃくしていわゆるコロナ離婚を考えてしまうようであります。

夫が家事育児に非協力的であれば、夫や子供が家にいるので、食事を今まで以上につくらなければいけないとか、子供がずっと家にいると、子供の面倒を見なければならないので、ストレスが妻に集中して離婚が頭の中にできてしまうのではないかと思われます。

このコロナ離婚をよく考えてみますと、私は本書のテーマである熟年離婚のある意味延長線上にある離婚ではないかと思います。定年直後毎日朝から一緒にいるご主人に耐えられなく、熟年離婚を切り出すとか、家事とか育児にまったく興味がない夫に嫌気がさし熟年離婚を切り出すとか、これまでの比較的長年の積み重ねからの原因による熟年離婚のケースが、コロナショックにより、毎日一緒に朝から晩までいることから、熟年離婚のように長年の積み重ねを待たずして、先の見えない不安も重なり一挙に短時間で離婚までできているのではないかと私は思われます。

いかがでしょうか？　コロナ離婚はある意味熟年離婚でもあると言えなくもないでしょう。

ここで大変興味深いデータですが、厚生労働省の人口動態統計（速報値）でわかったことですが、令和2年の1月から6月に離婚した夫婦は10万１２２組となり、令和元年同期比で1万９２３組減少しているようです。新型コロナウイルスの影響で在宅時間が増えた夫婦の「コロナ離婚」増加が懸念されていましたが、実際には9・8％の大幅減のようであります。緊急事態宣言が出た令和２年4月が４５６８組、5月が５２１５組と特に減少が大きかったようです。厚生労働省では社会全体が活動を自粛しており、落ち着いてから手続きを検討している夫婦も多いのではないかと考えているようです。また令和2年6月に内閣府が公表した意識調査では、新型コロナの感染拡大で約半数の人が家族の重要性をより意識するようになったと回答しています。約7割は家族と過ごす時間が増えたとも回答しているようです。

これらからのデータから考えると、コロナにより、夫婦が今まで以上に、仲良くなっていくケースと残念ですが逆にコロナ離婚を考えてしまうケースに分かれていくスピードがこれまで以上に加速していくのではないかと思われます。

2章　いきなり別れ話を喰らい、調停離婚したときの年金相談の実態

1　調停になかなか出廷しない夫たち

家庭裁判所に年金分割の調停を申し出てくる

次に、年金分割の年金相談などの業務の中で、私なりに感じている一般的なことを述べたいと思います。ただし、守秘義務の関係上一般的な傾向のお話をします。

調停まで行った年金分割の事件になると、その多くが元妻からの申立になってきます。

元夫との話し合いがまとまらず、やむなく家庭裁判所に年金分割の調停を申し出てくるケースが大半のような気がします。

最初一回目の調停の期日の日ですが、元妻が相手側の元夫の出廷時刻を待っていると、結構欠席される夫が多いようです。

夫としては、家庭裁判所に行くということに対してかなり抵抗がある

夫としては、家庭裁判所に行くということに対してかなり抵抗があるのでしょう。

再度裁判所から、次回の期日に出廷するように連絡して、やっと渋々出てくるようです。

元夫からすれば、何も悪いことをしていないのに何で家庭裁判所に行かなければならないのか、憤りがあるのでしょう。ほとんどの熟年夫はこれまでの人生で、裁判所に足を運ぶといった経験を

している方はおられないのではないでしょうか。

ただし、心配はいりません。家庭裁判所の調停は、あくまでも話し合いなのです。お互いが話し合いで合意できれば、いいわけです。

話し合いの結果、復縁できればベストです。

2　年金分割になかなか同意しない夫たち

調停では、年金の分割割合を5割以下4割などとすることを検討して対応すべき

夫にとっては、年金分割になかなか同意できないようです。

その分自宅を分与しているとか、現金を渡しているなど、いろいろな言い分をあげ、半分にすることについては、かなり抵抗があるようです。

ここで、夫のほうに理解していただきたいのは、調停で分割がまとまらなくても、審判になれば、半分の分割はよほどのことがないかぎり、覚悟しなければならないのが現実だということです。

このように考えると、調停での話し合いでは、年金の分割割合を5割以下4割とすることを検討して対応するべきではないかと思います。

なかなか難しいことかもしれませんが、ダメでもあきらめず、話し合うことは大変重要なことです。このような姿勢がその他の財産分与でも影響してきます。

【図表２　夫の定年についての妻の考え】

①	定年により、お昼のご飯の仕事が増える
②	毎日朝から晩まで監視される。
③	年金生活で生活が苦しくなる。
④	私には定年はない、毎日、お茶、ご飯、風呂、寝る 私は家政婦か
⑤	定年後も働いたらいいのに
⑥	この人の下の面倒はみたくない

3　妻たちの言い分

妻の思い

次に、年金分割や離婚協議書の作成相談などを受ける中で、私なりに感じた妻たちの言い分を考えてみます。

熟年の夫の場合、定年になったら妻と旅行するとか、趣味三昧に生活するとか考える傾向が強いようです。逆に妻は、夫の定年についてどのように考えるでしょうか。専業主婦の妻であれば、おそらく図表2のようにあなたの定年を考えるのではないでしょうか。

夫の思いと、妻の思いは、定年に対してこのように違うのです。

妻がこれ以上夫の下の面倒までみるのはごめん

このような状態が定年後継続すれば、それはやがて、夫であるあなたの人生に熟年離婚となって襲ってくることになります。

この前も、72歳の離婚のお話を知人から聞きましたが、これは、妻がこれ以上夫の下の面倒までみるのはごめんだということでした。

【図表３　夫の定年に対する思い】

①　ひたすら、家族のために働いてきた、定年後は年金で楽に暮らしたい。
②　退職金で一杯旅行したい。
③　奥さん孝行をしたい。
④　好きな趣味をやりたい。
⑤　毎日の生活を楽しみたい。

４　夫たちの言い分

夫たちの言い分

次に、逆に夫たちの言い分について考えてみます。

熟年夫の多くは、図表３のような定年対するに思いではないでしょうか。

夫と妻の思いの違い

これは、大半の団塊の世代や熟年夫たちの気持ちではないでしょうか。

このように、女性と男性ではかなり考え方に相違があるわけです。

私は基本的には男性と女性では人間の構造そのものが違うようにできているのではないかとさえ思います。夫のほうは妻のことを想像してみてください。

何を考えているかわかりますか。わからないと思います。

ですから、理解しあうために話し合うことは最も大切なことの１つになるのです。

熟年夫は心の中で、「何を言っている。俺は、毎日毎日残業、休日は付き合いゴルフ、毎日身を削ってきて働いてきたのだぞ。妻のお前にこの苦労がわかるか」といいたいところです。

この気持ち本当に理解できます。しかし、妻だって思っているのです。

「毎日毎日、家事・子育てでどんなに苦労してきたかあなたは知っているのですか。一度も子育てに協力してくれなかったじゃない。仕事仕事でしたでしょ」

妻と夫の感性が違うところです。ご理解していただけたでしょうか。

5　いろいろ話し合ってもほとんど復縁はなし

熟年になれば妻の離婚の宣告は取り消すことができなくなってしまう

これまで読まれて、少しは妻の気持ちが理解できたでしょうか。

理解しないまま、結婚生活が続いていくと、妻は益々ストレスがたまり、蓄積していきます。

ここが夫と大きく違う女性特有の傾向だと思います。ですから、熟年になればなるほど妻の離婚の宣告は取り消すことができなくなってしまうのではないでしょうか。

現に私の年金相談などの経験からも復縁はほとんどなかったように記憶しています。

ここで、私の妻の知人の事例を紹介したいと思います。

Bさんの例

夫Bさんは、ある中堅サラリーマンで、宝石の仕事をされてバブル時代、支店長まで出世されました。妻と男の子供さんがおりました。バブル時代は金回りもよく、おしゃれで、ほどなく愛人ができました。

Bの妻は、家庭と子育てで、おしゃれもできず、すっかりおばさんになってしまい、夫は妻に愛情を感じなくなってしまったようです。夫は、派手な美人の女性に入れ込んでしまいました。

その後、夫は支店長から独立したようです。そして、その夫はなんと、妻に別れてくれと言ってしまったのです。

しかし、妻はそのときは絶対に離婚しないで、いつか復讐の機会をまってやると思ったそうです。

やがて、バブルが崩壊して、夫の事業はうまくいかなくなり、資金繰りがうまくいかなくなって、美人の女はその夫と別れたようです。夫は、不動産も手放して、妻に8年後に泣きついたようです。そしたら妻から三下り半の離婚を宣告され、夫は、やがてアパートの寂しい一人住まいになり、生活保護で生きているような状況になっていってしまったようです。

女性の執念は深い

このように女性の執念は深く、10年、20年と心の中に継続して生き続けていくのです。夫の仕打ちを絶対に忘れないということです。

よく、夫が妻に腹が立つと「お前なんか出て行け」とかついカッとなって言ってしまうケースがありますが、このような夫の暴言も決して忘れないで、心の中で生き続けていくのです。夫はその言葉を忘れても、妻は覚えているのです。この夫と妻の違いをしっかり理解していただきたいのです。また、お金でついた女性はお金がなくなればすぐ去っていくのが世の中です。

この事例のように、お世話になった妻を大事にしないと、多少事業に成功したとしても、人生の晩年はつらいものが待っているということです。このようなお話はよくあるケースです。

不倫で結ばれても、5年ほどでやがてまた別れるといったケースが多いのには驚きます。熟年男性の方に言いたいのは、不倫は大半が続かないということです。

この事例のように、妻は浮気など夫からされた仕打ちは何年経っても消えません。そしてやがてくる復讐の機会を静かにまっているのです。男性は浮気のことは終わったと思っているかもしれませんが、いつまでも女性の心の中で生き続けているのです。

浮気は絶対してはだめ

いろんなケースを分析してみると、他人の不幸の上に自分の幸福をつくろうとすると、そのときはいいように思いますが、やがて必ず、再び離婚とか、病気になってしまうとか、不幸が人生におきてくるように思います。以上のように考えると、浮気は絶対してはだめであり、どうしても、するときは、妻と別れるなり、けじめをつけてから交際するのが大事な考え方です。

3章　離婚したがる妻たち・別れたくない夫たちの実態

1　妻の主婦としての労働時間・賃金はいくらになるか

妻の主婦としての働きを時間と賃金に置き換えると

ここで、妻の主婦としての働きを、労働時間として考えてみましょう。一体どれほどの時間と賃金に置き換えられ、いくらぐらいになるのか考えてみます。

私は本職が社会保険労務士で、その仕事を日常的にこなしていますので、この主婦の労働時間と賃金はいかほどになるか大変興味をいだくわけです。

ここでは、①専業主婦、②パート主婦、③正社員主婦のケースで、結婚夫30歳、妻25歳で60歳に熟年離婚したときのケースを考えてみます。夫の収入は約30万円として考えます。

主婦業は時給いくら

ここで問題になるのが、一体主婦業は時給いくらかです。

私は、本書の執筆まで、時給８００円前後かと思っていましたが、いろいろな女性にお話をお聞きすると、ある人は時給５０００円だとか、最低でも１０００円以上とか、私の思いをはるかに超える金額でした。これにはビックリしたものです。

私も最近は、妻の家事を自分の仕事のようにやってみました。本当にくたくたになるものです。

我々のような熟年夫は、ほとんど家事は妻がやってきているのです。

ただし、最近の若いご夫婦をみると、夫が子供を面倒みているなど、世相は変化してきています。

団塊世代や熟年夫はまだまだ家事は妻の仕事になっているのが、現実です。

2　専業主婦のケース

妻の主婦としての時給

熟年夫のあなたにお聞きしますが、妻の主婦としての時給はいくらくらいと思いますか。とっさにいわれて戸惑われるのではないでしょうか。

そうです。それほど我々男性は妻の本当の主婦業を理解していないのです。

とっさに時給２０００円ぐらいではないかとか言えた夫は、本当に妻の主婦業を理解されています。それでは専業主婦の方の主婦業がいくらくらいの労働時間・賃金になるのか考えてみます。

いろいろな女性のお話を総合しての仮定になります。

主婦業の労働時間とか賃金とかといった公的なデータはありませんので、私の総合的なお話からの推測でお話させていただきます。

専業主婦の時給は９００円から１１００円くらいです。ここでは中間を選択して１０００円と仮定します。

専業主婦の労働時間は15時間から11時間くらい

次に労働時間ですが、専業主婦は15時間から11時間くらいではないかと思います。ここでは、中間の12時間とします。専業主婦は休日がありませんので、年中無休の計算になります。

以上の条件で計算すると、図表4のようになります。

主婦業は大変

ひょっとするとあなたの給料よりも多いかもしれません。

どうですか、主婦労働という視点でみていくと、こんなにも高額になってくるのです。ビックリされたでしょう。これだけ、逆にいうと主婦業というのは大変なのかもしれません。

【図表4　専業主婦の労働時間】

1,000円	×	12時間	＝	12,000円	1日
12,000円	×	30日	＝	360,000円	1か月
12,000円	×	365日	＝	4,380,000円	1年

労働時間とか賃金の水準を理解するには

この労働時間とか賃金の水準を理解するには、厚生労働省が、1948年以来毎年実施している「賃金構造基本統計調査」を参照すれば、最適で非常にわかりやすいのです。

日本でおそらくこれだけのデータを無料で調査発表しているところはないです。

【図表５　パソコン画面】

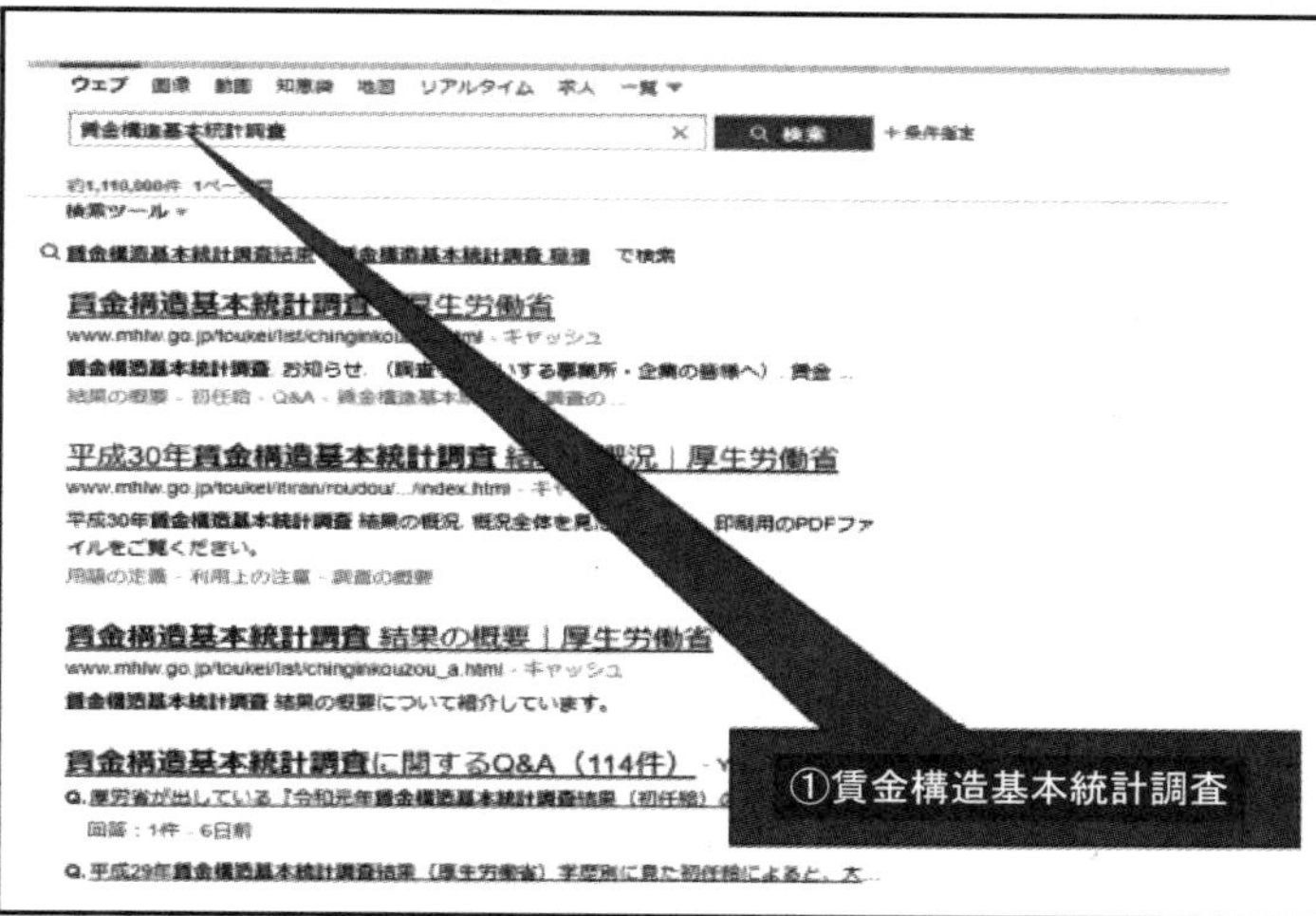
ウェブ　画像　動画　知恵袋　地図　リアルタイム　求人　一覧
賃金構造基本統計調査
賃金構造基本統計調査結果｜厚生労働省
賃金構造基本統計調査 結果の概要｜厚生労働省
①賃金構造基本統計調査

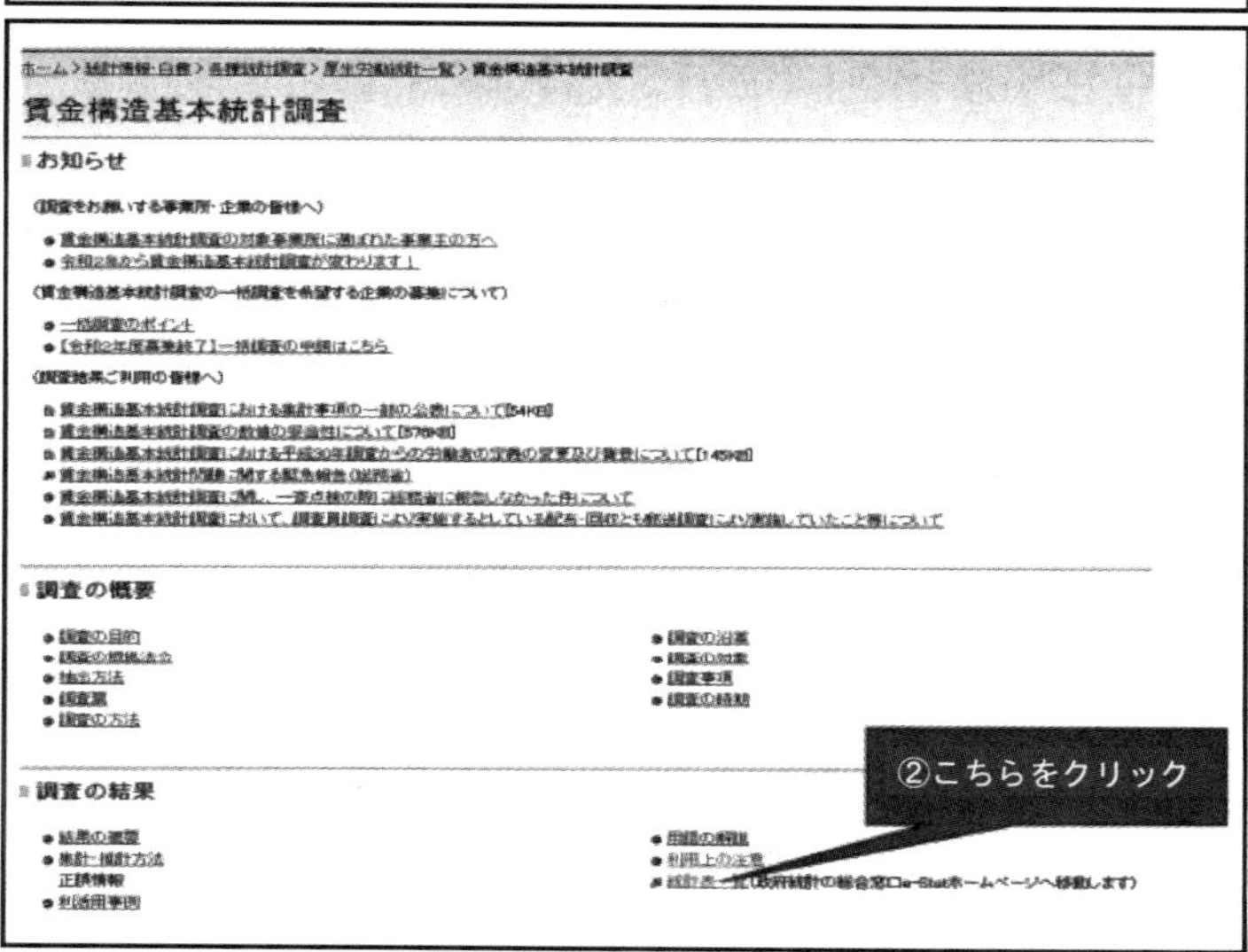
賃金構造基本統計調査
お知らせ
調査の概要
調査の結果
②こちらをクリック

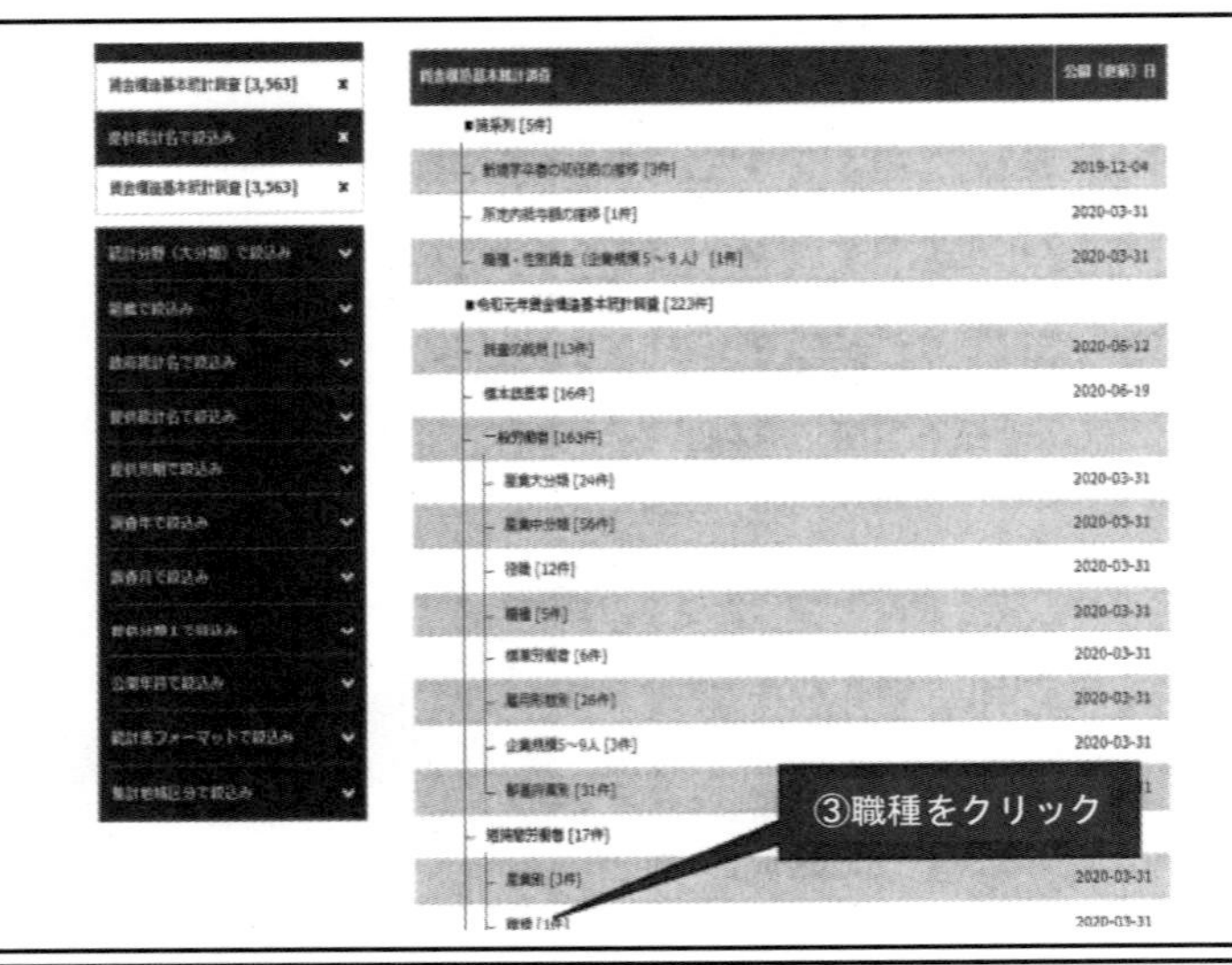
③職種をクリック

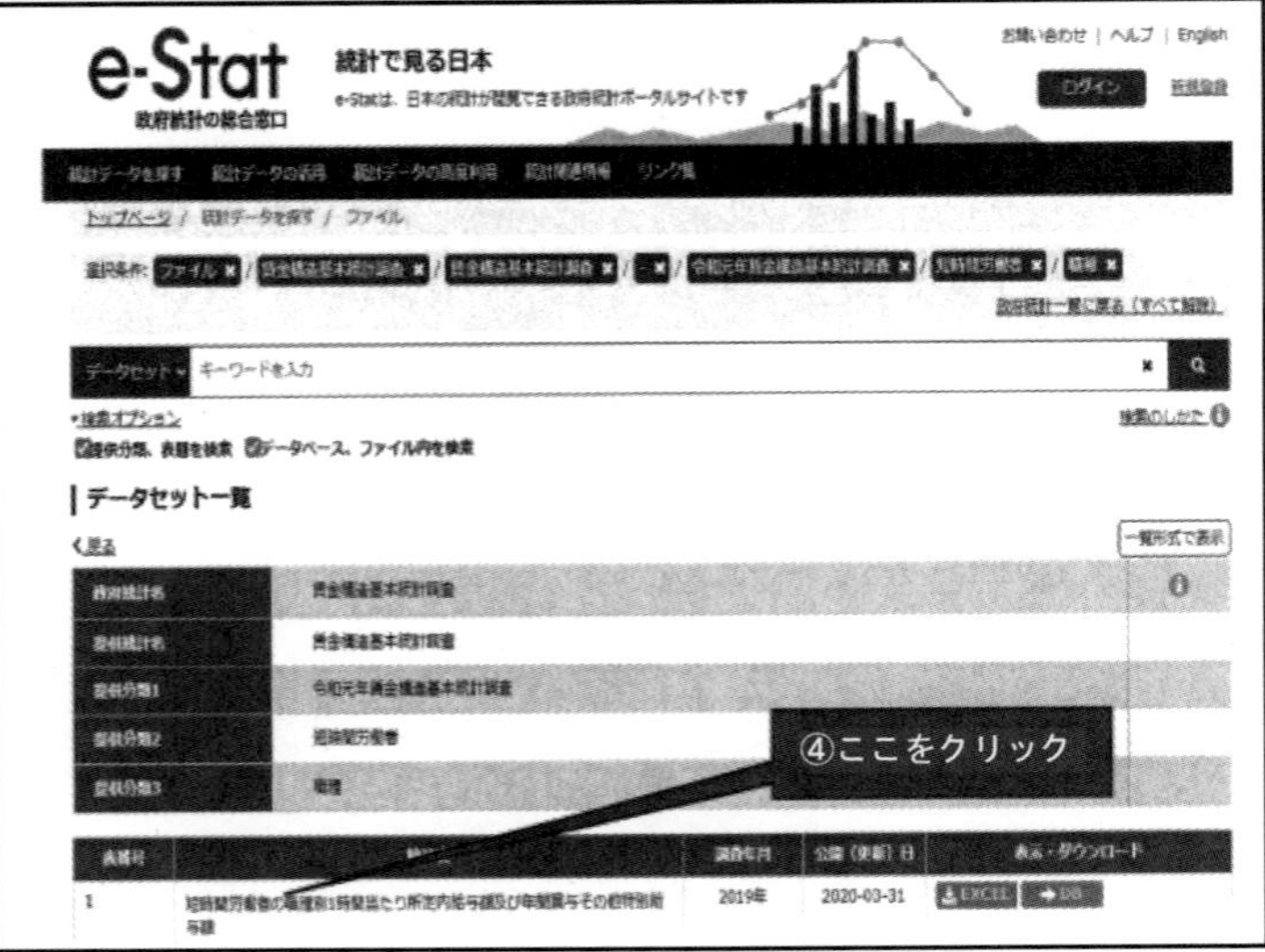
e-Stat
政府統計の総合窓口
統計で見る日本
データセット一覧
④ここをクリック

熟年夫の方には、いろんな方の職業の賃金とか、地域別の賃金や、時間外労働時間など調べることができますので、就職や転職の際にも、大変参考にしていただけます。

実際のパソコンで調べるときは、検索画面で「賃金構造基本統計調査」と入力していただければ、今回掲載のデータも簡単に参照できます。

図表５の画面のように操作していただければＯＫです。

パソコンは苦手という方でも、簡単に入っていけますので、ご安心ください。

令和元年の短時間労働者の職種別１時間あたり所定内給与や年間賞与など

ここに紹介するデータは、図表６になります。これは令和元年の短時間労働者の職種別１時間あたり所定内給与や年間賞与などの女性のデータです。

ただし、従業員10人以上規模の事業所のデータです。

このデータを見ると、様々な働く女性の１時間あたりの賃金の相場が見えてくるのではないかと思います。主婦業はどの職種と比較すれば妥当性がでてくるのか考えてみます。

これらのデータを見ると、女性の仕事の中でも大学教授の時給７９３２円や医師の１０８８６円は驚きの金額です。アベノミクスということで賃金の引上げが毎年話題となっていましたが、コロナショックやインフレで令和４年度はどうなるでしょうか。令和４年７月現在で最低賃金は全国加重平均で９３０円、東京では１０４１円となっています。

【図表６　令和元年賃金構造基本統計調査】

短時間労働者の職種別1時間当たり所定内給与額
及び年間賞与その他特別給与額

表頭分割	02
企業規模	企業規模計（10人以上）　　　産業計

区　分	女						
	年齢	勤続年数	実労働日数	1日当たり所定内実労働時間数	1時間当たり所定内給与額	年間賞与その他特別給与額	労働者数
	歳	年	日	時間	円	千円	十人
自然科学系研究者	41.1	4.2	16.3	6.3	2071	203.5	125
化学分析員	49.6	6.9	16.6	6.1	1316	117.7	151
技術士	47.5	12.6	16.9	6.4	1940	458.2	12
一級建築士	50.2	6.6	18.1	5.5	2213	226.4	42
測量技術者	38.7	8.7	17.8	6.7	1313	98.1	8
システム・エンジニア	37.2	12.2	18.0	6.5	2051	734.4	373
プログラマー	37.2	7.8	16.8	6.6	1676	483.4	127
医師	44.2	5.6	7.0	5.3	10886	94.6	1 868
歯科医師	35.9	4.1	8.9	6.1	5481	133.1	467
獣医師	50.5	8.6	12.2	6.3	2327	36.2	6
薬剤師	50.5	6.9	14.4	6.0	2364	115.6	1 501
看護師	48.9	6.6	14.6	5.9	1785	116.0	14 907
准看護師	55.2	7.5	14.6	5.9	1524	87.3	4 408
看護補助者	51.3	6.3	15.3	6.0	1175	62.3	3 794
診療放射線・診療ｴｯｸｽ線技師	45.1	7.0	14.0	5.0	3044	567.6	243
臨床検査技師	50.5	8.0	16.2	5.3	1836	270.8	1 074
理学療法士、作業療法士	39.6	6.3	15.7	5.5	2004	96.6	1 204
歯科衛生士	43.9	6.3	12.8	5.3	1583	61.5	1 636
歯科技工士	37.9	6.5	17.5	5.9	1197	70.1	95
栄養士	46.7	7.0	16.2	5.8	1260	105.9	785
保育士(保母・保父)	47.2	5.9	16.0	5.8	1147	77.5	9 331
介護支援専門員(ｹｱﾏﾈｰｼﾞｬｰ)	55.7	6.7	15.5	6.3	1402	82.6	863
ホームヘルパー	58.4	8.0	15.9	3.7	1445	67.4	11 012
福祉施設介護員	52.6	5.8	14.8	6.2	1137	64.9	28 447
弁護士	37.5	8.5	21.0	6.0	2917	0.0	3
公認会計士、税理士	47.4	8.4	14.8	6.1	2006	8.1	40
社会保険労務士	35.5	17.5	22.0	5.7	2937	343.6	2
不動産鑑定士	-	-	-	-	-	-	-
幼稚園教諭	45.9	5.7	17.0	5.5	1260	55.4	2 367
高等学校教員	46.9	8.0	14.3	3.7	3509	182.2	1 086
大学教授	59.9	8.8	9.1	5.3	7932	539.4	88
大学准教授	48.8	7.3	11.5	5.3	5284	153.2	86
大学講師	50.8	7.2	5.6	3.3	5245	37.4	3 951
各種学校・専修学校教員	50.0	6.9	8.6	3.9	4617	32.4	1 398
個人教師、塾・予備校講師	32.7	4.4	9.7	3.3	1583	3.8	4 223
記者	43.9	2.6	17.0	4.3	1136	4.6	138
デザイナー	38.6	9.0	17.1	6.7	1541	134.2	140
ワープロ・オペレーター	45.2	6.9	16.8	5.9	1121	35.1	488

区　分	女						
	年齢	勤続年数	実労働日数	1日当たり所定内実労働時間数	1時間当たり所定内給与額	年間賞与その他特別給与額	労働者数
	歳	年	日	時間	円	千円	十人
キーパンチャー	52.2	11.7	17.2	5.4	1115	34.9	248
電子計算機オペレーター	47.8	7.1	17.6	5.6	1050	61.8	262
百貨店店員	51.5	9.6	18.1	5.8	1087	33.7	12 416
販売店員(百貨店店員を除く。)	42.7	5.8	15.8	5.2	1004	19.3	94 424
スーパー店チェッカー	44.1	6.1	17.2	5.0	1024	18.9	17 592
自動車外交販売員	50.0	24.0	15.0	8.0	667	0.0	4
家庭用品外交販売員	48.4	3.4	18.8	4.4	1318	5.5	123
保険外交員	55.6	15.7	16.1	5.3	2303	356.5	993
理容・美容師	41.0	6.5	14.5	5.9	1242	13.8	565
洗たく工	52.3	8.2	17.7	5.4	952	11.6	1 440
調理士	49.2	5.5	15.1	5.1	1003	20.9	9 622
調理士見習	50.1	5.7	15.8	5.0	991	9.9	13 219
給仕従事者	36.5	4.0	12.8	4.9	1034	5.0	41 121
娯楽接客員	36.4	4.4	14.0	5.9	1138	11.1	6 972
警備員	56.7	5.3	13.0	6.7	1053	13.2	407
守衛	56.5	4.7	12.9	5.8	969	22.5	38
電車運転士	40.5	16.5	19.0	6.1	2447	1880.6	11
電車車掌	33.3	10.1	12.7	7.1	2029	571.1	17
旅客掛	38.5	7.5	17.2	6.0	1452	323.5	17
自家用乗用自動車運転者	53.4	3.8	15.9	4.1	1773	7.1	113
自家用貨物自動車運転者	49.2	7.4	18.5	5.4	1069	19.0	231
タクシー運転者	55.8	7.5	16.4	5.7	1180	61.9	136
営業用バス運転者	44.6	2.8	15.2	5.6	1188	64.7	31
営業用大型貨物自動車運転者	38.5	6.2	17.1	6.1	1222	17.7	58
営業用普通・小型貨物自動車運転者	47.2	6.1	17.9	5.2	1100	12.1	1 136
航空機操縦士	−	−	−	−	−	−	−
航空機客室乗務員	41.0	17.5	13.1	8.3	2788	1050.4	13
製鋼工	62.4	12.2	19.6	5.4	995	544.4	14
非鉄金属精錬工	46.5	1.6	16.3	4.8	1026	30.6	9
鋳物工	46.3	8.8	15.5	5.2	996	45.3	32
型鍛造工	−	−	−	−	−	−	−
鉄鋼熱処理工	36.2	1.0	19.9	5.8	875	16.5	9
圧延伸張工	−	−	−	−	−	−	−
金属検査工	57.8	15.3	18.8	6.0	1010	67.2	529
一般化学工	50.7	7.8	15.6	6.4	1003	77.5	235
化繊紡糸工	45.4	5.6	19.7	5.8	1027	120.6	13
ガラス製品工	51.7	9.3	21.2	6.1	1062	107.3	36

	歳	年	日	時間	円	千円	十人
陶磁器工	53.8	17.6	18.4	5.9	1048	84.5	52
旋盤工	54.4	15.0	20.3	5.2	1009	23.6	24
フライス盤工	35.1	6.6	22.0	7.0	961	111.4	2
金属プレス工	53.7	10.2	18.9	5.8	936	73.3	173
鉄工	39.0	6.3	18.2	5.9	1209	146.5	36
板金工	58.4	21.3	18.6	6.6	1036	604.5	17
電気めっき工	51.4	9.5	19.0	5.8	929	4.9	16
バフ研磨工	47.1	5.5	19.9	5.5	1158	22.5	25
仕上工	52.6	9.0	19.2	6.1	942	66.5	200
溶接工	45.6	10.1	19.7	7.0	1153	44.5	25
機械組立工	47.0	6.9	18.4	5.9	988	54.6	1 428
機械検査工	46.1	5.1	17.6	6.1	941	49.5	747
機械修理工	43.2	6.5	19.2	6.0	1067	57.3	33
重電機器組立工	49.6	10.3	17.1	6.0	988	75.4	185
通信機器組立工	44.4	7.1	18.2	6.3	993	49.1	201
半導体チップ製造工	45.9	4.6	19.3	5.2	954	86.3	73
プリント配線工	52.4	12.5	18.4	6.0	985	32.7	346
軽電機器検査工	46.4	7.5	18.4	5.3	955	35.5	353
自動車組立工	45.3	5.8	17.7	6.7	1054	26.4	57
自動車整備工	38.6	4.9	10.6	6.3	1036	26.1	22
パン・洋生菓子製造工	44.4	6.7	15.9	5.5	1020	15.9	3 049
精紡工	47.6	2.5	19.5	4.3	1147	0.0	12
織布工	54.7	6.1	18.0	5.3	956	41.9	104
洋裁工	56.5	9.5	17.7	5.8	857	8.8	104
ミシン縫製工	52.7	8.3	19.4	5.9	873	22.6	762
製材工	51.6	4.0	17.1	4.1	1041	26.0	94
木型工	48.9	8.2	18.3	7.1	1086	167.4	39
家具工	47.8	6.5	18.8	5.5	923	53.0	47
建具製造工	44.0	10.6	18.9	6.5	901	54.8	17
製紙工	53.1	14.5	18.9	6.1	968	14.4	66
紙器工	46.9	4.9	19.4	5.1	1037	41.5	665
プロセス製版工	69.3	17.1	17.0	3.7	1056	72.6	13
オフセット印刷工	56.2	8.4	16.4	6.9	863	44.4	21
合成樹脂製品成形工	47.6	8.7	18.9	5.8	910	44.3	506
金属・建築塗装工	52.3	7.9	17.0	5.5	1026	145.5	18
機械製図工	44.4	11.9	18.9	6.0	1338	563.9	15
ボイラー工	-	-	-	-	-	-	-
クレーン運転工	49.5	3.5	13.0	7.4	1300	660.0	4
建設機械運転工	50.1	4.6	18.3	5.6	890	7.5	9
玉掛け作業員	-	-	-	-	-	-	-
発電・変電工	36.2	9.5	17.6	5.9	2386	1016.2	6
電気工	58.5	14.3	16.2	7.2	974	33.9	21
掘削・発破工	-	-	-	-	-	-	-
型枠大工	-	-	-	-	-	-	-
とび工	62.0	4.5	8.0	7.5	1054	0.0	10
鉄筋工	33.5	1.5	20.0	5.0	865	0.0	4
大工	-	-	-	-	-	-	-
左官	-	-	-	-	-	-	-
配管工	55.4	5.1	17.7	5.8	1253	11.8	29
はつり工	-	-	-	-	-	-	-
土工	57.6	7.8	18.1	6.5	941	52.1	42
港湾荷役作業員	40.4	9.1	16.6	6.8	1118	14.7	16
ビル清掃員	63.0	6.3	18.3	4.1	1006	9.1	22 820
用務員	57.3	8.7	17.9	4.7	1071	99.6	1 827

職種別の1時間あたりの給与

職種別の1時間あたりの給与をみていただき、どのように感じられましたか。

主婦業と比較的関連性がある職業としては、図表7の職業です。

これらの職業と主婦業は、基本的には比較できないかもしれませんが、参考にはできます。

あなたの妻の主婦業を時給で考えるならば、いくらですか。イメージできますか。

一度真剣に考えると、奥様への見方が変わってくるのではないですか。しかも妻は年中無休なのです。この資料を拝見すると、夫顔負けの職業の方もいます。おどろきです。

【図表7　職種別の1時間あたりの給与】

○調理師見習	991円
○洗たく工	952円
○給仕従事者	1,034円
○ビル清掃員	1,006円
○ホームヘルパー	1,445円
○福祉施設介護員	1,137円
○娯楽接客員	1,138円

主婦労働を賃金として評価計算すると

したがって、これらのデータからも夫が定年後自宅で、のんびり過ごされて、ただでさえ、少ない年金のみの生活となれば、この数字からみても妻が将来爆発するのもあながち理解できないわけではないです。妻は「私にも定年させてください」といいたくなってくるはずです。

先ほどの事例の専業主婦で、25歳で結婚して夫が定年までの30年間で主婦労働を賃金として評価計算すると、なんと1億３１４０万円分働いたことになってくるのです。なので、離婚時あなたの年金を分割してほしいというのはある意味当然かもしれないのです。

3　パートなど職業をもった主婦のとき

主婦業の金額

ここでは、仕事をもった主婦のケースを考えてみます。

1日の中で主婦の活動時間は、いろいろ意見がありますが、朝の食事時間など2時間半で、夕方は夕食などの時間を考えれば3時間半で合計6時間ほどになると仮定します。

そして、その時給単価はいろいろな意見があります。5000円という方もいれば1000円くらいという方もいます。個人的にいろいろな見方があると思いますが、1500円ぐらいが妥当な金額ではないかと思います。

主婦業の金額は、図表8のようになります。

そして忘れてはいけないのが、この方のパート先からの給料もあるということです。月額仮に8万円とすれば、図表9のような経済的価値があるということになります。

パートを想定しましたが、正社員で月給20万円ほど稼いでいる女性ですと、その経済的価値は図表10のようになります。

【図表8　主婦業の金額】

1,500円	×	6時間	＝	9,000円	1日
9,000円	×	30日	＝	270,000円	1か月
9,000円	×	365日	＝	3,285,000円	1年

【図表9　主婦業とパート先の給料がある場合】

270,000円 ＋ 80,000円 ＝ 350,000円　1か月
350,000円×12か月 ＝ 4,200,000円　1年

【図表10　主婦業と正社員給料がある場合】

270,000円 ＋ 200,000円 ＝ 470,000円　1か月
470,000円 × 12か月 ＝ 5,640,000円　1年

どうですか、この方はすでに会社の部長クラスの経済的価値を生んでいるということになります。

ましてや、今日のテレワークの普及により妻の役割と経済的価値は益々アップしてきているのが現状ではないでしょうか

妻に対する認識を変える

妻に対する認識が変わったのではないですか。

家事は主婦がやるとは、どの法律にも記載されていません。

ただ、女性がやるものだと思われているに過ぎないのです。

この事実を男性はしっかり受けとめなければならないと思います。あなたの妻は、あなたの会社の部長クラスのお仕事をされているのです。妻に対して、ただ家事をやり、子育てをしてくれるのが当たり前だという認識を変えていかなければならないのです。

しかも、主婦業は年中無休ということも考えなければなりません。

最近の若い男性は草食系男子などといわれています。

男性が食事の支度や子育てをしたり、また、会社を育児休業で休むなど、家事への協力をすることも多くなってきているようです。

4　妻たちは積り積もって離婚を宣告する

人間はストレスに耐えうる限度がある

主婦業の経済的生産性についてみてきましたが、妻は夫が思う以上に、家庭を支えているわけです。

これだけ、家庭を支えている妻を、日々慰労・励ましの言葉をかけていかないと、妻はストレスが夫が思う以上にたまってきます。

私はサラリーマンを22年間経験しましたが、在職中本当に頑張ってきた多くの先輩が60歳定年到達と同時に、亡くなられたとのお話をよくお聞きします。大変に残念ですが、人間はストレスに耐えうる限度があるのではないでしょうか。

ですから、その限度をオーバーすれば、車と同じようにオーバーヒートをおこしてしまうのでしょう。妻であれば、そのストレスの限界の1つの表れが積り積もっての離婚の宣告になるのではないでしょうか。

妻のストレスを軽くできるのは、夫たちの日頃の励まし・思いやり

妻には定年がありません。妻のストレスを軽くできるのは、夫の日頃の励ましや思いやりではな

いでしょうか。

もちろん、夫も職場で大変なプレシャーと戦いながら、大変なストレスと戦ってきていると反論があるはずです。

当然のことだと思います。しかしながら、夫のケースでは、飲みに行くとか、日曜日に趣味に熱中するとか比較的ストレスを発散する機会が多くあります。なんと言っても定年まで頑張ればといった1つのゴールがあります。

ところが、妻の場合は、家事とか子育て、両親の介護など、そのストレスを軽くしていける機会が少ないように思います。

どちらかというとため込んでいくケースが多いのではないでしょうか。

夫は妻がしっかり家事をやってくれているから安心と思っているかもしれませんが、これまで夫が妻の話を仕事が忙しいといいながらいつも避けていると、妻は、それ以上夫に相談してもしかたないということで、相談しなくなるような傾向があります。

するとどうなるか、日々妻のストレスは積み重なっていくようになります。

夫は、うちの妻はしっかり家を守ってやりくりしていると思っています。

しかし、そう思うのは夫の勝手な思い込みなのです。

実は妻は徐々に夫から心が離れて行っているのです。そのことを夫たちは、もっとしっかり理解しなければなりません。

心が離れていくということは、すでに離婚状態になっている

心が離れていくということは、すでに離婚状態になっています。やがて妻からの突然の離婚の宣告という形であなたを突然襲ってくる可能性があるということです。

実は、私も毎日仕事仕事で、家庭を顧みなかったことが、気が付きませんでしたが、いつの間にやら離婚状態に陥り、結果的に離婚にいたった経験をもっています。

先ほどもお話しましたが、夫でもストレスに耐えられなければ、ストレスが原因で自殺したり、病気で死亡していくといったことは、十分考えられることです。

私は、社会保険労務士の仕事を日常的にこなしていますが、ストレスが原因で、30年勤続の工場長がうつ病で会社に出勤してこれなくなってしまうといったことは、本当に最近、顧問先の会社でもよく聞かれるようになってきました。

女性と男性では基本的に体の構造が違う

ただ、男性の場合は、ストレスがたまっても、妻に離婚宣告などということは、ほとんど聞かれることはありません。ここにも女性と男性では基本的に体の構造が違うのではないかと思うほど、そのストレスに対する対処法は随分違うように思います。

また、面白いのは浮気のとき、妻に対して、ごめんねと夫はひたすら謝るのに対して、妻は浮気が発覚したときも夫に対して謝るというのはほとんど聞いたことがありません。

これは、やはり女性は積り積もっての行動の結果なので、基本的に謝るという感情はおきないのだと思います。ここにも男性と女性の大きな違いを感じます。

いかがですか。このように男性の目線と女性の目線は基本的に違っています。女心と秋の空と昔からいわれていますが、まさしくそのとおりです。

夫は、わかっているようで、一番理解していないのが、実は妻のことではないでしょうか。

そして、今日の新型コロナ禍時代においては、従前の熟年離婚のように日々の積み重ねが原因で離婚を決意するのではなく、新型コロナ感染などの不安要素も加わり、夫が定年になるのを待たずに離婚するとか、今日のコロナ離婚のように短期間で離婚を決意してしまうケースが増加してきているようです。本書の読者である熟年夫のあなたは奥様の心の中をどれだけ理解していますか？

5　もっと妻を大事にしておけばよかったではすでに遅い

熟年時に妻から突然の離婚の宣告をされたとき

熟年時に妻から、突然の離婚の宣告をされたときは、基本的には時すでに遅しです。

モーレツ社員で、家庭も顧みず働いてきて、やっと定年で楽にしたいと思っていた矢先に突然別れてくださいと言われたときには、もっと妻を大事にしておけばよかったと悔やむことしきりです。

そうして悔やむときは、あとの祭りであるというケースが、年金分割や離婚協議書の作成相談などを経験しながらも、つくづく思います。

本書を手にとられたあなたも、この危機がないとは言えないのです。家族のために頑張ってきたことが、実は家庭崩壊を招いてしまっているといったことは、近年ではよくある話です。会社はあなたの定年後まで考えてくれません。

離婚で失うものは、家・財産・家族。そして寂しい一人暮らしが60歳であれば、平均寿命81歳までの約21年間あなたの人生に待っているわけです。実は、このような独身男性が、若い独身男性だけでなく、熟年層にも拡大してきているのが、現在の社会の実態ではないかと思うのです。

離婚の潜在リスク

モーレツサラリーマンだったときは、地元でも近所の町内会の付き合いとかほとんどなく、会社での人間関係しか残っていないといった方が大変多いのではないかと思います。近所で誰も親しく話ができる方もおらず、益々孤独な独身一人暮らしという、現実がまっているかもしれません。かと言って、60歳過ぎての再就職も厳しく、ましてたよりの厚生年金も分割されて、減額されて支給されるというまさに、人生の最終でつまずいたといった感じになります。

読者の熟年夫の方はまだ、大丈夫です。この現実を知っただけでもリスクは半減したのではないでしょうか。知らないで、突然知らされるほど辛いものはありません。

このようなことをこれまで一度も考えたことはなかったのではないかと思います。ほとんどの夫は、自分の妻は心配ないと思っておられます。

特に会社人間だった、団塊世代や熟年夫が最も離婚の潜在リスクが高いのです。

私は、調停などの最終的な結果がでる家庭裁判所で肩を落とし、本当に寂しげに帰っていくような熟年夫の悲劇を一人でもでないように、心から願うものです。これまで、日本経済を支えてきた大先輩方が、定年後も一家和楽で人生を過ごしていただきたいと切に願うものです。

さきほど最近の若い人は草食系男子とお話しましたが、逆に、我々のような熟年夫は肉食系男子が多いのではないでしょうか。

私なども30代のサラリーマン時代はとにかく、ライバルよりも早く出世したいと思っていたものでした。先に出世でもされるようなものなら、腹が立って仕方がなかったものです。今振り返ればそのようなとき、家族を大切にしていたかと言われれば、まったく自信がありません。

少しでも心あたりがあれば、一度奥様の毎日のやっていることに、目をむけてください。何か気づきがあると思います。まして、テレワークをやられているご家庭ではなおさらであります。

熟年離婚までいくケースは、たとえ離婚状態であったとしても、お互いが家庭内別居のように、割り切ってしまえば離婚にまでいたりません。ただし、最近の女性は、男女雇用機会均等法などの法律も整備されて女性の自立を求める意識がだんだん強くなってきています。

この意識が強くなってくれば、やがて妻たちは夫を捨て、自立を目指す、いわゆる熟年離婚の増加になってくるのではないかと思います。

6　コロナ離婚のケースでは

ここではコロナ離婚のケースを考えてみたいと思います。ある民間の調査会社のアンケートではいつからコロナ離婚を考えてかということに対して「新型コロナ感染拡大後」初めて考えたという人が全体の約半数になるとのことであります。

ここでは、具体的なコロナ離婚を考えるに至った理由を改めて考えてみたいと思います。

次のような理由が考えられると思います。

①コロナの影響で収入が減少してこれまで以上に口論が多くなってしまう。
②テレワークで毎日夫が家にいるが、家事や子育てには全く非協力的。
③毎日くらい話ばかりで、ストレスがたまる。
④コロナの外出自粛により夫から、暴言・暴力を受けるようになってきた。
⑤一人でいる時間が少なくなり、ストレスがたまる。
⑥テレワークで自宅にいる時間が多くなり、知らなければよかった相手の欠点が見えてくる。
⑦コロナ予防対策における お互いの価値観の相違がでてくる（何度言っても手洗いうがいをしないなど）。

また、逆にこれまで以上に夫婦中がよくなっていったケースは次のような理由であります。

①毎日コミニケーションが取れるようになり、家族の考えを共有できるようになってきた。
②夫婦でお互い感謝の気持ちをもち家事・育児などの分担を決めて、よく話し合うことにした。
③夫婦で協力して国の補償制度なども活用し、経済的な不安に対処できた。
④子供たちともよく話し合うようになり、父親の仕事をこれまで以上に理解してもらうことができた。
⑤コロナショックによりこれまで以上に家族の団結力が強くなってきた。
⑥コロナショックを機会に共通の趣味などを共有する。
⑦収入が減少したので副業などを開始する。

以上のようにコロナ離婚は従来からの熟年離婚と相違する点としては、コロナショックによる収入の減少・テレワークによる在宅勤務の増加・未知のウイルスに対す価値観の相違などがあげられるのではないかと考えます。まだまだコロナショックは長期化するといわれており、今現在は離婚が減少してきておりますが、今後の長期化のなかで、やむなくコロナ離婚といわれるケースもでてきてしまうのではないかと思います。

ここまで読まれて、あなたの家庭ではコロナ離婚は絶対ないと自信をもって言えますか？

仮に、先ほどの離婚に至るケースと至らないケースを比較して、離婚に至らないケースに私の家庭は進んでいると感じられた読者の方はその流れをさらに進めていくべきであると思います。

逆に、離婚に至るケースに該当するケースが多い方は今からでも遅くはありません。明日からでも改善していくべきではないかと思います。

ここで典型的なコロナ離婚の原因である夫の暴言の事例を紹介したいと思います。

結婚８年目で小学校の子供さん２人いる家庭で、奥さんがご主人に子供の勉強を見てあげてと頼んだら、ご主人が「俺は仕事で毎日クタクタなんだ、勉強はお前が見ろ」で相手にしてくれない。

子供を連れてたまには遊びに連れて行ってと言ったら、「外出してコロナに感染したらどうするんだ」コロナの感染があるのでタバコを自宅で吸うのはやめてほしいとい言ったら「家族の前で吸わないからいいだろう」また、休業で収入が少なくなったのでどうにかしてと言ったら、「お前も外に出て働け」などと言って真剣に奥様の忠告を無視して聞こうとしないケースが多いといわれております。

いかがでしょうか？　ご自身のふるまいに共通点があるとすれば、それはコロナ離婚にいたる予備軍になってしまっているかもしれません。本書ではコロナ離婚に限らず広い意味での熟年離婚の対応策も記載しておりますのでご参考にしていただければ幸いです。

今現在の日本では、意外と思われるかもしれませんが、コロナショックにより、離婚を考えるより、逆に夫婦仲が改善されてきたとするケースが多いようです。今後どのように推移していくかわかりませんが、直近の厚生労働省のデータから読み取れます。今後もこの傾向が進んでいくことを心から祈念するものであります。

また、ある意味このコロナショックは家族が原点にもどり、家族が助け合って生きていかなければならないことを逆に教えてくれているのかもしれないと私は思います。

4章　年金分割ってなに・そのときどうなる

（その他の財産は離婚時に解決するが年金は生涯影響する）

1　夫の年金が半分なくなるわけではない（粘り強く調停をする）

年金分割

ここでは、熟年夫が一番気になる年金分割について、社会保険労務士・ファイナンシャルプランナー（CFP）としての視点から考えてみます。

読者の中には、年金分割とはなにか、まったくご存知ない方もいるかもしれません。また、なんとなく、離婚したら自分の年金の半分を妻に渡さなければならないのではないかといった程度の理解しかされていないのではないでしょうか。

そこで、簡単に年金分割について解説したいと思います。

年金の基本的な仕組み

公的年金は老齢基礎年金と老齢厚生年金の2階建てになっています。会社に勤務していたときなどに加入するのがいわゆる厚生年金です。自営業などで、厚生年金に入っていない方が加入するのがいわゆる国民年金で令和4年度は毎月1万6590円ほどかけていくものです。

この厚生年金の加入期間は会社から支払われている、給料の支給総額に応じて、1等級8万8000円（保険料本人負担部分8052円）から32等級65万円（本人負担部分5万9475

円）までの間で毎月控除されています。

この加入期間の総報酬によって老齢厚生年金の支給される金額が決まるという制度です。

ところが国民年金は、所得に関係なく毎月定額の保険料を支払い、40年加入して65歳から毎月約6万6000円老齢基礎年金が支給されるという制度です。

年金の基本的な仕組みについて理解していただいたところで、本題の年金分割の仕組みについて考えてみます。

年金分割ってなに

年金分割というのは、簡単に言えば、厚生年金の加入期間中のお互いの総報酬を合算して半分半分に年金を調整するという内容です。ですから、婚姻期間中普通は夫が、厚生年金で控除される給料が多いケースが一般的ですが、中には、妻の給料が高いというケースもあります。

このケースだと妻が夫に年金を分割される立場になっていきます。要するに、婚姻期間中の厚生年金に加入している間だけが、年金分割の対象になってくるといえます。

また、先ほどの分割割合は5割が上限ですが、妻との話し合いで、その他の財産分与で渡しているので、5割ではなく3割年金分割で渡すということも話合いで合意ができればＯＫです。

ただし、年金相談などの経験上、ほとんどの元妻は上限の5割の分割を希望してきます。ですから、話し合いがまとまらず、調停にまで話が進んだときは粘り強く交渉するしかないようです。

【図表11　年金分割の対象】

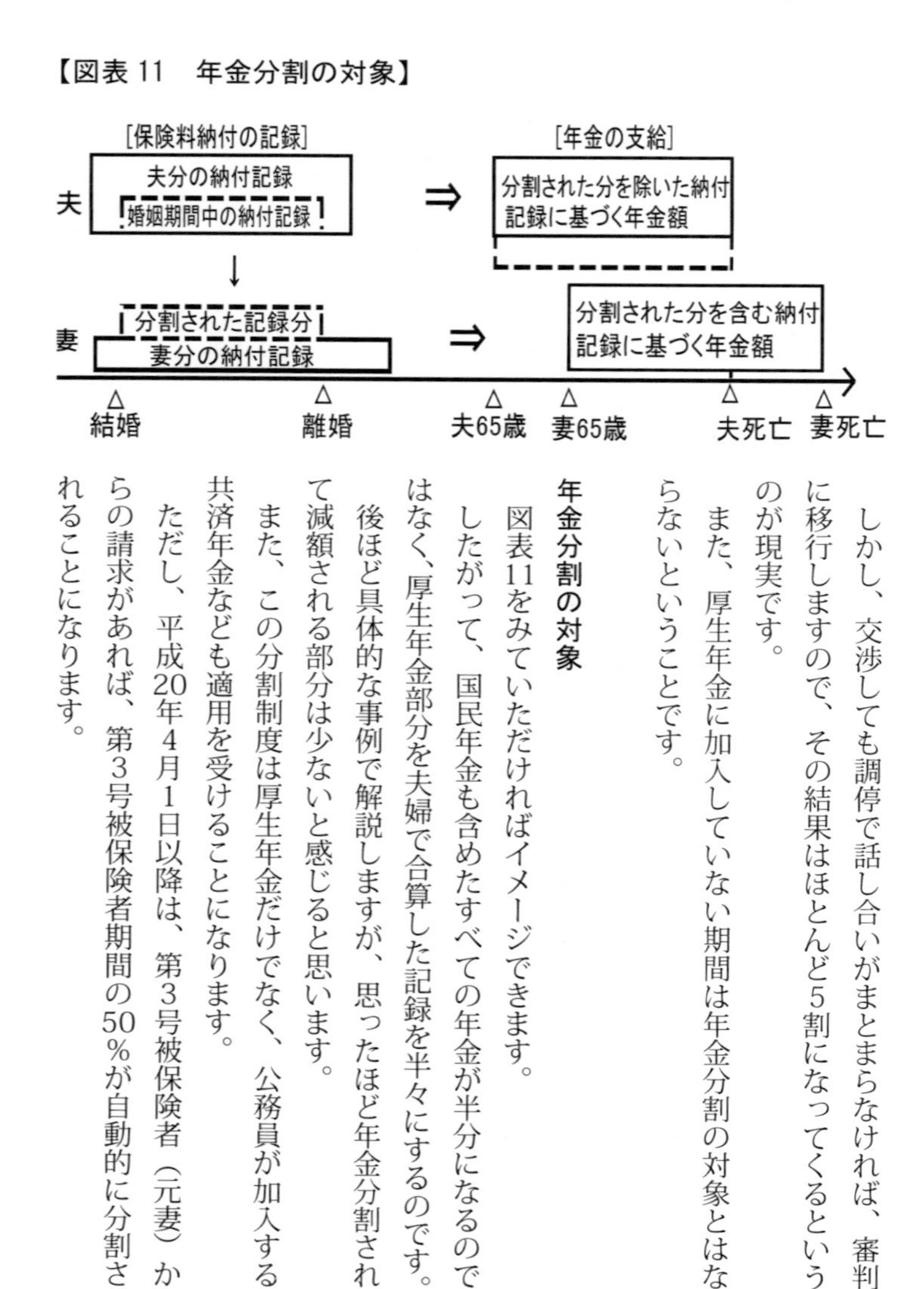

しかし、交渉しても調停で話し合いがまとまらなければ、審判に移行しますので、その結果はほとんど5割になってくるというのが現実です。

また、厚生年金に加入していない期間は年金分割の対象とはならないということです。

年金分割の対象

図表11をみていただければイメージできます。

したがって、国民年金も含めたすべての年金が半分になるのではなく、厚生年金部分を夫婦で合算した記録を半々にするのです。

後ほど具体的な事例で解説しますが、思ったほど年金分割されて減額される部分は少ないと感じると思います。

また、この分割制度は厚生年金だけでなく、公務員が加入する共済年金なども適用を受けることになります。

ただし、平成20年4月1日以降は、第3号被保険者（元妻）からの請求があれば、第3号被保険者期間の50％が自動的に分割されることになります。

2　厚生年金だけが分割の対象、国民年金は対象外

夫が個人事業主で妻が仕事を手伝っているようなケース

ここでは、夫が個人事業主で妻が仕事を手伝っているようなケースを考えてみます。

このケースでは、お互いが国民年金をかけています。

このケースのご夫婦ですと、婚姻期間中に厚生年金の期間がないので、年金分割の制度は適用されません。

仮に上乗せ年金の国民年金基金に加入していたとしても、対象にはならないのです。

逆にいうと、役所とか民間企業に正社員として勤務していれば厚生年金にほとんど加入していますので、年金分割というのはサラリーマンの制度だと考えてもおかしくないと思います。

ただし、自営業でも法人である会社の社長については厚生年金は強制加入になりますので、このような社長さんは当然妻との年金分割の対象ということになってきます。

社長ともなれば、婚姻期間中の報酬も結構高いケースが多いと思われますので、年金分割は結構重たいものになってきます。

したがって、社会保険に加入していない個人事業の自営業の方であれば、この年金分割は考えなくてもいいのではないかと思います。

3　妻の所得が多ければ、妻の年金はなくなる

妻の所得が多く、夫の所得が少ないというケース

年金分割は、夫と妻の婚姻期間の厚生年金部分の加入記録を合計して、半分ずつに分割するというお話をしましたが、逆に妻も所得が多く、夫の所得が少ないというケースになりますと、これは、妻から夫に厚生年金の分割をして渡さなければならないということになってきます。

このような家庭では、妻から夫に離婚宣告するケースは少ないのではないでしょうか。

この家庭での夫は普段から妻には、比較的コミュニケーションがとれているケースが多いので、熟年離婚に至るケースはあまりないのではないかと思います。また、このケースの年金分割もあまり聞いたことがありません。

やはり、現役で家庭を顧みなかったバリバリのサラリーマンが圧倒的に熟年離婚にいたる確率が高いのではないかと思います。

70歳の男性が妻から突然の離婚の宣告を受け途方にくれている

先日社労士のある会合で、知人の現役時代バリバリの70歳の男性が妻から突然の離婚の宣告を受け途方にくれているとのお話をお聞きしました。

70歳からの熟年離婚です。人生男性81年、女性87年を考えれば、これもありかなと思いました。

この年金制度を私なりに考えてみると、サラリーマンで働くというのは、夫あっての妻・妻あっての夫であるという考えで、年金は平等にしなさいということではないでしょうか。

4　専業主婦の妻こそが、年金分割では年金が一番多くなる

年金分割についてどれくらいの分割による影響がでてくるのか

次に、年金分割についてどれくらいの分割による影響がでてくるのか考えてみます。

年金分割の簡易早見表

図表12をみてください。

図表12は年金分割の簡易な考え方による早見表ですが、正確な年金計算にもとづくものではなく、アバウトな概算になっています。正確な数字については、年金事務所で調べていただきたいと思います。

ただし、年金相談などを通して感じることは、このような簡易的考え方による数字でもアバウトではありますが、概ね的を得た数字に近いのではではないかということです。

図表12では、国民年金はほぼ満額加入しているものとして一律6万円で計算して、年金分割の対

【図表12　離婚年金分割早見表】

離婚年金分割早見表(簡易版)【分割割合50%の場合】
《第一号改定者【夫】の減少月額》

※下記数字の8(2)万円のカッコ内の2は婚姻期間中の老齢厚生年金の年金月額2万円、老齢基礎年金は一律6万円で合計月額8万円としております。

短い ➡ 婚姻期間 ➡ 長い

第二号改定者【妻】の増加月額（専業主婦 ⇩ パート ⇩ 正社員）

年金月額合計	8(2)万円	10(4)万円	12(6)万円	14(8)万円	16(10)万円	18(12)万円	20(14)万円
6(0)万円	10,000	20,000	30,000	40,000	50,000	60,000	70,000
8(2)万円	0	10,000	20,000	30,000	40,000	50,000	60,000
10(4)万円	0	0	10,000	20,000	30,000	40,000	50,000
12(6)万円	0	0	0	10,000	20,000	30,000	40,000
14(8)万円	0	0	0	0	10,000	20,000	30,000
16(10)万円	0	0	0	0	0	10,000	20,000
18(12)万円	0	0	0	0	0	0	10,000
20(14)万円	0	0	0	0	0	0	0

この早見表は、本来の年金分割の計算方法ではなく、予想の婚姻期間中の老齢厚生年金の年金月額をもとに簡易的に計算しておりますので、あくまでもご参考（イメージ）としてください。正確には年金事務所で確認してください。

象期間である、婚姻期間中の厚生年金を２万円とか４万円で、表示しています。

ですから、年金事務所からくる年金定期便の厚生年金の予想額とは違い、厚生年金の婚姻期間中の部分の額ということで、概算をイメージしてください。

図表12の左側は、第２号改定者といって、年金分割を受ける方の数字になっています。一般的には、ここは妻になってきます。

前節のケースではここは夫ということもあります。逆に上が第１号改定者ということで年金分割される方ということで、一般的にはご主人ということになってきます。

左側の第２号改定者の厚生年金がゼロ、いわゆる厚生年金に一度も加入したことがない専業主婦に該当します。

この欄の平均的なサラリーマンのケースで

年金月16万円の方ですと、30年前後婚姻期間があり、その間妻が専業主婦とすると、夫の年金は月額５万円ほど減少するとなっています。

５万円前後は妥当な数字

私の実務的な経験からも、５万円前後は妥当な数字です。

ここでは詳細な年金のシミュレーションまで考えていませんが、ご自分のケースだとどのくらい年金が減額なるのかイメージができればと思い、掲載しています。詳細な数字を知りたい方は年金事務所で調べてください。

図表12のように、厚生年金加入ができるだけ少ない専業主婦だった年数が多ければ多いほど、年金分割による減額の数字は大きくなってくるということです。

妻が年金月額約10万円ほどの家庭のケースで夫がさきほどの方と同じ年金額とすると

次に、最近の妻は働いている方も多いので、妻が年金月額約10万円ほどの家庭のケースで夫がさきほどの方と同じ年金額とすると、減額は３万円くらいになります。

実務的にも年金相談などを受けると、やはり３万円前後の年金分割の減額のパターンが一番多いような気がします。

ただし、月額３万円でも年間で36万円、65歳から平均寿命の81歳までで５７０万円になります。

年金分割の勘違い

ここで多くの夫が勘違いするのが、年金分割というと、年金の国民年金と厚生年金の合計の16万の半分、8万円が減額されると思われている方が多いことです。

そうではなく、妻も夫の年金の8万円もらえるのではなく、そのうち3万円なんですというと、がっくりするようです。この点はしっかり押さえておきたいものです。

図表12をよくみていただければ、年金分割の減額の金額はおおよそ想像できてくるのではないでしょうか。ここでは正確な年金額まで考えて記載していませんが、熟年夫にその数字のアバウトながら年金減額のイメージを理解していただくために記載しています。

婚姻期間中の年金月額をどのようにすればわかるか

ここで1つ気になる点は、先ほどの、婚姻期間中の年金月額はどのようにすればわかるかです。年金定期便で、あなたの老齢厚生年金の金額が仮に月額16万円となっていれば、その厚生年金の加入期間が仮に40年だとして妻との婚姻期間が20年であれば、アバウトではありますが、厚生年金の半分の8万円が婚姻期間中の老齢厚生年金とみたてて考えてもいいのではないかと思います。正確に知りたければやはり年金事務所で確認が必要です。

熟年夫の場合、50歳以上であれば、老齢厚生年金の受給予想額が記載されていますし、今はインターネットでも簡単に調べることができます。その金額を婚姻期間中に比例案分すれば、概算ですが、婚姻期間中の年金月額がわかると思うのです。

5　夫も妻も働いているときの年金分割はどうなる

共働きのご夫婦のとき

図表12をみてください。妻も働いておられれば厚生年金の額が多くなり、その格差がなくなればなくなるほど、年金分割は減少してくることになります。ですから、共働きのご夫婦のときは年金分割という視点で考えれば、夫の年金が減額される金額は少ないケースが多くなります。

逆に、妻の厚生年金の金額が夫の厚生年金の金額より多いといったケースでは、妻が第1号改定者いわゆる年金を分割される立場になってきます。団塊の世代などではあまりないケースです。

余談ですが、年金分割が決まったからといって、年金の支給開始年齢や年金の10年加入の受給要件が緩和されるわけではありません。あくまでも、本来支給の老齢厚生年金が支給になったときに、婚姻期間中の加入記録の妻に分割した部分が、年金の金額に反映されてこなくなってくるという内容です。

逆に元妻が年金の受給の時期になったとき、元夫から分割された年金記録を妻の年金記録に合算して、計算され支給されるという内容です。したがって、先ほどの年金分割の表では、簡易的に分割される年金月額で減額部分を計算していましたが、本来は納付記録を合算して、年金の独自計算により、老齢厚生年金の額が決定してきますのでご留意ください。

また、ともに年金受給者のときの年金分割は、離婚で年金分割が決まった月の翌月から年金分割の対象になります。遡って減額されるということはありません。

そして、あなたが、死亡したときは、あなたが生計を維持していた一定の遺族がいるときは、遺族厚生年金が支給されます。その金額は分割された納付記録に基づいて支給されます。

また、仮にお互い再婚をしても、分割後の年金には影響はありません。

年金分割で注意する点は、平成19年4月1日以降離婚する方が対象で、それ以前は該当しません。

また平成20年4月1日以降は奥様が専業主婦であった第3号被保険者期間が3号分割請求だけでたりて、合意は必要ではありません。ただし、平成20年4月1日以降でも3号被保険者期間以外の年金分割を求めるときは、合意分割となります。

また、調停で話し合いがつかないときは、家庭裁判所が審判の形で判断することになっています。

そして、年金分割の調停合意や審判・判決が確定したなら、すみやかに手続をしなければなりません。小学生などの子供がいるときは、養育費も必要になります。子供の養育費は原則20歳までですが、年金減額はあなたの人生の生涯にわたって影響してきます。

養育費は可愛い子供のためですが、年金分割は別かれた元妻のためになります。経済的合理性の視点で考えても、離婚を選択しない人生がより豊かな人生になってくると思います。

また、安易なコロナ離婚なども年金制度からもさけるべきであると思います。

5章　離婚しない夫の年金を守る考え方のポイント

1　年金を多く受給するためには、厚生年金に加入が一番（国民年金だけでは、暮らせない）

この5章では、夫の年金を守るポイントを考えてみます。年金制度は、図表13のような構成になっています。

年金制度の仕組み

図表13を見ていただければわかるように、年金の基礎は1階部分の国民年金による老齢基礎年金部分と2階部分である厚生年金による老齢厚生年金部分が基本になります。3階部分に基金とか企業独自の企業年金とか、ある意味民間の保険で支える個人年金などがあります。

年金受給額を多くする基本は、社会保険加入会社に1か月でも多く厚生年金に加入すること

厚生年金の加入期間が少ない、いわゆる会社などで、雇用された期間が少なければ、結果的に老齢厚生年金が少なくなってきます。

結婚前は会社に勤めたこともなく、結婚後専業主婦であり続けたならば、年金は満額で令和４年度価格で老齢基礎年金年額77万７８００円で月額約６万４８１６円にしかなりません。老齢厚生年金はゼロとなります。

【図表 13　年金制度の仕組み】

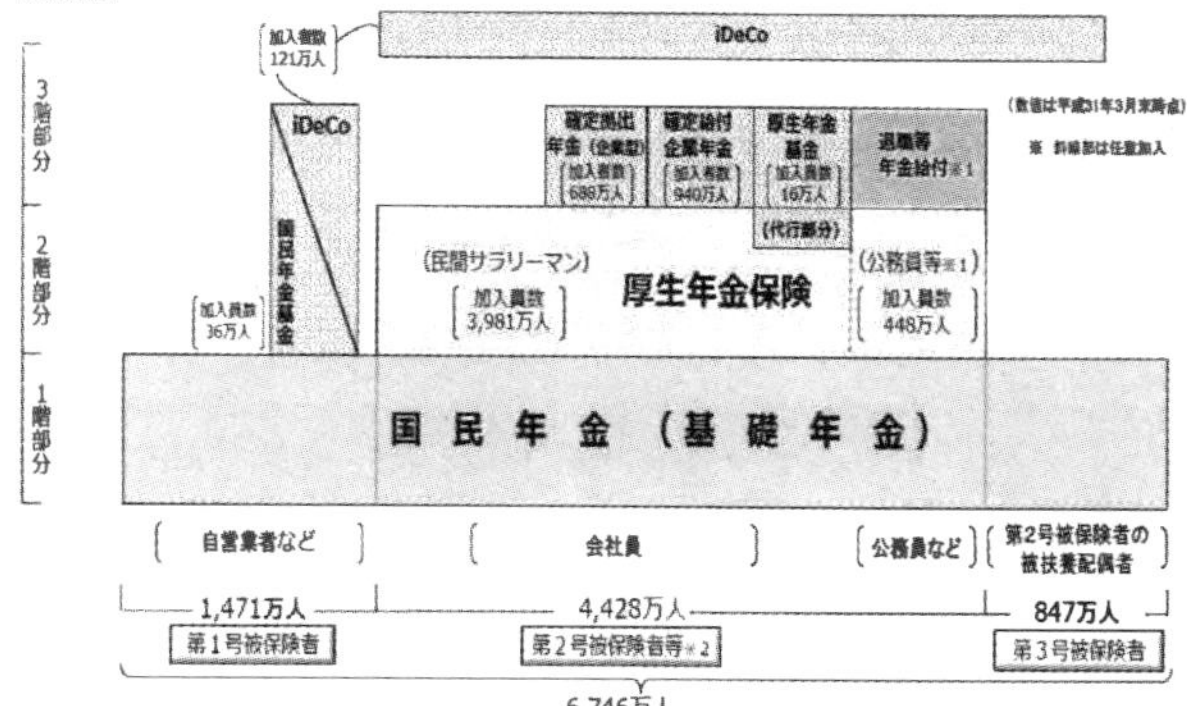

（厚生労働省ＨＰより）

ですから、年金受給額を多くする基本は、原則社会保険のある会社に1か月でも多く厚生年金に加入することになります。

厚生年金はあなたの負担した保険料と同じ金額を会社が毎月年金事務所に支払ってくれます。若いときは、給料から天引されて、不満も多かったと思いますが、40代や50代になれば、厚生年金に加入していて良かったとほとんどの人は感じています。

仮に、若い頃から個人事業主で厚生年金に加入せず、国民年金に加入していても65歳から月々約６万５０００円です。しかし、曲がりなりにも中小企業で30年ほど勤務していれば年金は厚生年金と国民年金で月額15万円から18万円前後はあります。月々約10万円ほどは違ってくるのではないかと思います。これが生涯継続していくわけです。

厚生年金に加入することの魅力

ここで、厚生年金の加入することの魅力について考えてみます。

仮に20万円の賃金で、会社に1か月勤務したときその部分はどの程度将来の年金受け取りに影響してくるでしょうか。

65歳からの老齢厚生年金は次のように計算します。

20万円×5・481／1000×1＝1096円

平成15年4月以降は、現時点ではこのような計算になります。1か月加入すると厚生年金が1096円増加します。

しかも国民年金も加入したこととしてみなされますので1月加入すると国民年金が781700×1／40÷12＝1629円（令和2年度価格のとき）が加算されます。

合計1096円プラス1629円の2725円年金が増えていく計算になります。

1年で3万2700円、10年で32万7000円、30年で98万1000円になります。

これが一般的なサラリーマンの平均賃金を仮に30万円とすると、30年で117万8388円となります。月額9万8199円となります。

もし、厚生年金に加入しないで国民年金だとすると1629×12×30＝586440円となります（端数計算の関係で表とは若干相違しています）。

月額で4万8870円ということになります。月額約5万円違ってきます。

【図表14　厚生年金と国民年金の年金年額比較】

加入月数	厚生年金部分（平均標準報酬額）			国民年金部分
	20万	30万	41万	
1月	1,096	1,644	2,247	1,629
1年	13,154	19,732	26,967	19,542
10年	131,544	197,316	269,665	195,425
20年	263,088	394,632	539,330	390,850
30年	394,632	591,948	808,996	586,274
40年	526,176	789,264	1,078,660	781,700

（令和2年4月時点の1月分を加入月数で単純に計算したもの）

厚生年金と国民年金の年金年額比較

それではその掛金を比較してみます。

厚生年金は令和2年4月時点の計算で30万円の報酬で本人負担分2万7450円、一方国民年金は1万6540円です。厚生年金の2万7450円のうち国民年金の1万6540円相当部分はかけたものとみなしてくれますので、毎月1万910円多く支払うことにより、年金月額が約5万円も多くなります。まして、厚生年金は2万7450円の同額を会社負担分として支払ってくれています。

このように、厚生年金に加入することが、30年、40年と経過してくると、国民年金だけと比較すれば年金の受給額が大きく相違してきます。この関係を図表14にまとめましたので、ご参考にしてください。

図表14をみてください。

サラリーマンで平均給与が30万円として40年勤務すると、年金額は、国民年金の78万1700円と厚生年金の78万9264円の合計157万964円となります。これが国民年だけですと、78万1700円の約半分にしかなりません。

いかに厚生年金が有利な制度であるかご理解いただけたと思います。

年金分割は、この厚生年金のあくまでも婚姻期間中の納付記録部分が妻との合算の対象になります。

ただし、年金は加入期間が10年以上ないと、老齢年金の支給にはならないので、10年未満で記載の年金が支給されるわけではありません。

2　20年以上厚生年金に加入する加給年金の魅力

厚生年金の魅力の1つである加給年金

次に、厚生年金の魅力の1つである、加給年金について考えてみます。

熟年の方には気になる年金の支給開始年齢は、図表15のとおりです。

図表15をみると加給年金というのは、原則65歳に達したときに65歳以下の奥様で年収850万円未満であり、厚生年金の加入期間が20年以上加入しているときに加算されるものです。

年金制度の家族手当のようなイメージかと思います。

ですから、男性のときは昭和24年4月2日以後生まれの方は、図表15のとおり加給年金は65歳からの支給となります。

【図表 15　厚生年金金額の受給開始年齢】

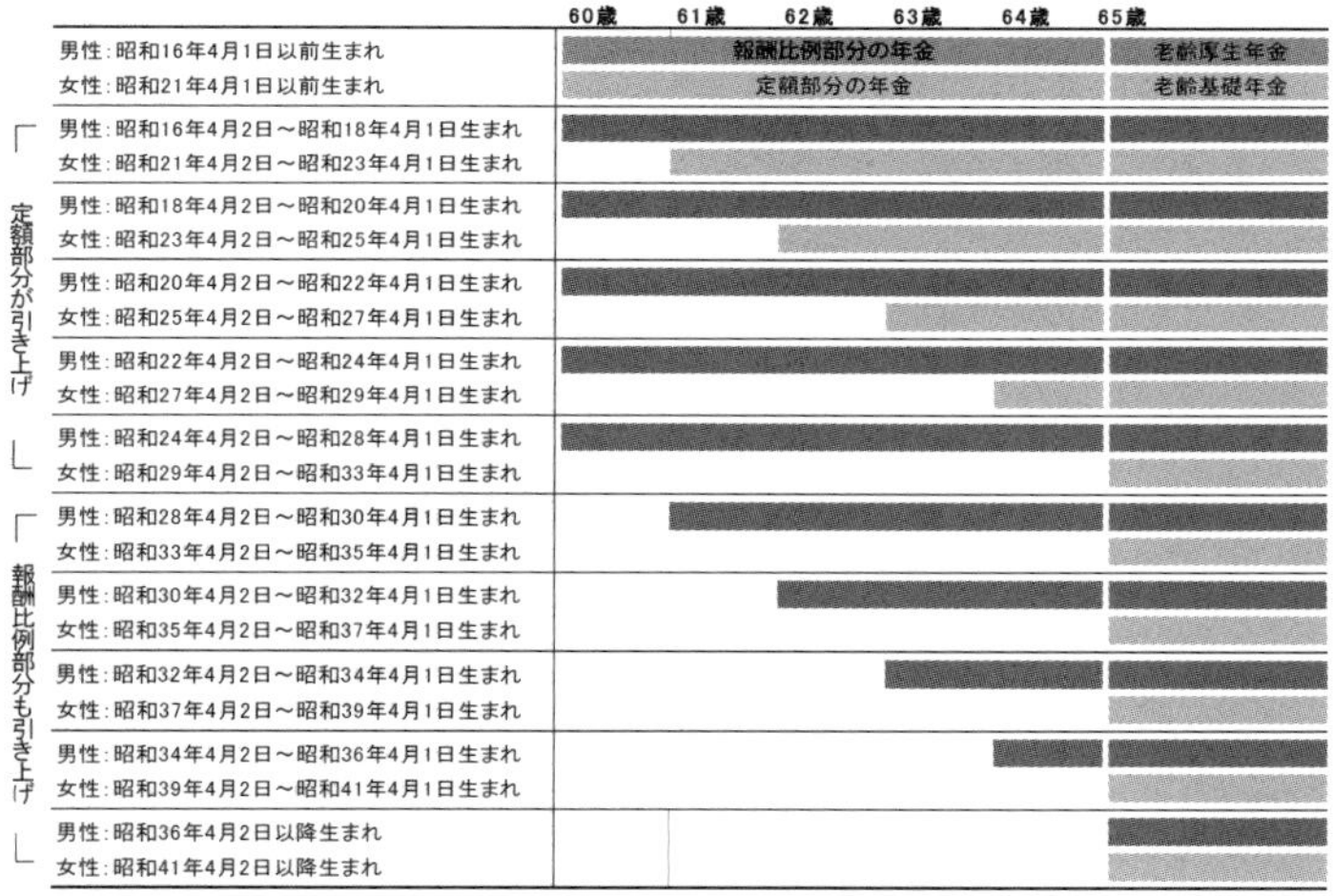

60歳　61歳　62歳　63歳　64歳　65歳

男性：昭和16年4月1日以前生まれ　報酬比例部分の年金　老齢厚生年金
女性：昭和21年4月1日以前生まれ　定額部分の年金　老齢基礎年金

定額部分が引き上げ
男性：昭和16年4月2日〜昭和18年4月1日生まれ
女性：昭和21年4月2日〜昭和23年4月1日生まれ
男性：昭和18年4月2日〜昭和20年4月1日生まれ
女性：昭和23年4月2日〜昭和25年4月1日生まれ
男性：昭和20年4月2日〜昭和22年4月1日生まれ
女性：昭和25年4月2日〜昭和27年4月1日生まれ
男性：昭和22年4月2日〜昭和24年4月1日生まれ
女性：昭和27年4月2日〜昭和29年4月1日生まれ
男性：昭和24年4月2日〜昭和28年4月1日生まれ
女性：昭和29年4月2日〜昭和33年4月1日生まれ

報酬比例部分も引き上げ
男性：昭和28年4月2日〜昭和30年4月1日生まれ
女性：昭和33年4月2日〜昭和35年4月1日生まれ
男性：昭和30年4月2日〜昭和32年4月1日生まれ
女性：昭和35年4月2日〜昭和37年4月1日生まれ
男性：昭和32年4月2日〜昭和34年4月1日生まれ
女性：昭和37年4月2日〜昭和39年4月1日生まれ
男性：昭和34年4月2日〜昭和36年4月1日生まれ
女性：昭和39年4月2日〜昭和41年4月1日生まれ
男性：昭和36年4月2日以降生まれ
女性：昭和41年4月2日以降生まれ

※　共済年金の受給開始年齢は男性と女性の区別なく、上記の厚生年金の男性と同様に引上げられます。

そして、その支給額ですが、年金受給権者が昭和18年4月2日以後の生まれの方であれば、なんと38万８９００円（令和４年度価格）プラスして支給されます。

この仕組みをどう思われましたか。

厚生年金はなんと20年以上加入することにより、妻がいれば、約40年間国民年金に加入で老齢基礎年金満額の77万７８００円（令和４年度価格）の約半分も加算されるのです。

厚生年金を多く受給する最大のポイントは、年下の妻のいる方に限りますが、最低20年以上厚生年金に加入することではないかと思っています。

熟年離婚の視点で考えるならば、離婚すると、毎年加給年金だけでも年間約39万円少なくなってしまうということです。

夫55歳・妻45歳で結婚期間は専業主婦であったケース

ここで、シュミレーションしてみましょう。

仮に夫55歳・妻45歳で離婚、結婚期間は専業主婦であったものとして考えます。年金月額減額の一覧表でみるならば、一般的なサラリーマンでは年金合計14万円、そのうち厚生年金（8）万円のイメージではないでしょうか。

図表12をみますと、年金月額4万円の減額になっています。したがって、このようなケースですと、厚生年金で毎月4万円、加給年金受給のときに月額約3万2千円の合計7万2千円、離婚しなければ受給できた年金がもらえないといった　男性のケースもでてきます。

妻の年齢とか収入によっても条件は相違してきますが、妻が年齢が10歳も下であれば、加給年金約39万円は10年間３９０万円にもなります。年金減額も考えれば10年で約８７０万円も少なくなってくるケースもでてくるということです。

また年金は税制でも軽減されていますので、所得税で優遇されています。

離婚して、別々に年金を受給するよりは離婚しないで年金を受給するほうが有利

いかがですか、大切な妻から、熟年離婚を求められると年金という視点でみても、大きくマイナスになってくるかたもでてくるということです。

また、妻にしても、無理に離婚しなくても、年金という視点でみれば、夫が月額20万円ほどの年

金受給者であれば、夫が万が一亡くなれば遺族年金として約14万円ほど支給になると思います。

熟年離婚で、夫から４万円ほどの年金をもらっても、専業主婦のようなケースですと年金月額約10万円くらいにしかなりません。遺族年金であれば全額非課税で毎月約14万円ほど受給できます。

私は、日常の年金相談などの経験も踏まえて思うことは、離婚して、別々に年金を受給するよりは、離婚しないで、夫婦が支えあって年金を受給するほうが、絶対に年金の受給という視点からみても有利です。

ですから、熟年離婚は年金の有利な活用からみれば逆行することにつながってくることだと思います。

3　厚生年金には、障害年金・遺族年金もある

障害年金と遺族年金

次に、年金制度で意外と知られていない障害年金と遺族年金についても触れます。

年金というと、ほとんどの方は年金と書いてあるので、老後の年金しか頭に浮かんでこないようです。

障害年金とは、両目を失明するなどの障害になったとき、その障害等級に応じて支給されるものであり、遺族厚生年金は文字通り死亡したときに遺族に支給されるといった内容の制度です。

離婚にともない、遺族厚生年金が妻が受給できなくなってくる

離婚にともない、遺族厚生年金が妻が受給できなくなってくるというのが、これらの年金制度における変更点です。

私は前職が生命保険会社にいたこともあり、感じるのは次の点です。

この厚生年金の加入は、生命保険の制度と比較すれば、老齢・障害・死亡の補償があり、これらの給付内容を考えると民間の生命保険の商品ではとても設計できないくらいの素晴らしい給付内容であるということです。

現在の厚生年金の保険料ではとても、民間の保険会社がいくら逆立ちしても設計できないくらい素晴らしい制度です。ですから、財政が厳しくなってくるのだと思います。

4　日本の社会保険制度は世界最高水準

あなたの年金をアップさせる最も適した方法

男性の皆さんは、マスコミ報道等から年金なんて将来破綻するとか、年金はもらえなくなるとかいろいろいわれており、実際どうなのかと思っておられるのではないでしょうか。

新聞報道で国民年金の未納者が約４割とか報道されるとどうなのかと不安になるのはよく理解できます。

ここで考えなければならないのは、本当にそうかということです。

日本の年金制度は、図表13でわかるように平成31年3月末で厚生年金が加入者数４４２８万人、国民年金の第1号被保険者数が１４７１万人となっています。その他の共済制度などを含めて６７４６万人で年金制度を支えています。

また、年金の平均的な受給額は令和元年度では、厚生年金で月額約14万６１６２円（国民年金分含む）で国民年金が月額約5万６０４９円が実態のようです。

ここで考える点は、国民年金の４割未納と聞くと大変な気がしますが、制度全体では１４７１万人の４割は５８８万人で年金制度全体の比率からみると約８・７％です。

ですから、年金制度全体の視点で考えるならば、マスコミがいうほど、日本の年金制度が崩壊しているような報道にはいささか疑問をもつものです。

私の仕事柄思うことは、年金の保険料を支払う方は、よく年金制度に対して文句を言われますが、年金を受給している方たちは、不思議と文句を言われることはないということです。

このように、世界的にみても日本の年金制度は優れたものであり、厚生年金に1か月でも加入することは、あなたの年金を確実にアップさせる最も適した方法だと思います。

次に、具体的には、平均給与41万円で40年勤続の平均的なサラリーマンであれば、図表14からもわかりますが、老齢厚生年金１０７万８６６０円と老齢基礎年金の78万１７００円の合計１８６万０３６０円で月額15万５０３０円となります。

したがって、月額約15万円ということになります。月額約15万円ということは、65歳から平均寿命の81歳までの合計で約２８８０万円になります。

死亡したときは、遺族に老齢厚生年金の約３／４支給になりますので、65歳死亡で16年間で老齢厚生年金月額を仮に10万円とすると約１４４０万円支給になります。

また障害等級２級であればほぼ老齢厚生年金と条件にもよりますが、ほぼ同額支給されますので、障害年金でこれも約２８８０万円支給があると考えられます。ただし、遺族基礎年金は熟年男性なので考えないものとします。

いかがですか。厚生年金に給与月額平均41万円で加入したということは、死亡時期・障害の時期にもよりますが、老齢保障約３０００万円・障害保障約３０００万円・遺族保障約１４００万円の生命保険に加入したのと同等の給付内容があるのではないかと思います。

このような見方に立てば、生命保険の死亡保障に２０００万円か３０００万円も加入していれば、一般的なサラリーマンであれば十分ではないでしょうか。

また、年金月額約15万円しかならないことを考えると、むしろ、厚生年金にしっかり加入しているサラリーマンであれば、老後を見据えた、個人年金に注目すべきです。この個人年金についてはのちほど解説したいと思います。

生命保険は病気などがあれば加入できないケースがありますが、厚生年金・国民年金にはそのような制限はありません。これらのことからも、日本の年金制度は素晴らしい制度だと思います。

6章　離婚してしまった夫の年金を守る考え方のポイント

1　あなたの年金が半分になるわけではない

突然妻から離婚の宣告を受け、やむなく離婚になってしまった状況の夫

次に、万が一離婚してしまったことを想定して考えてみましょう。

本書で紹介しているように、突然妻から離婚の宣告を受け、やむなく離婚になってしまった状況では、大半の夫は、かなりダメージを受けます。最初は強がりを言っても、毎日一人で食事をとり、休日も一人で暮らしていくようになると強烈な寂しさに襲われるのです。

離婚時に年金分割の話し合いができていなければ、離婚から2年以内に必ず、元妻から分割の要望がおきてきます。応じなければ、家庭裁判所から、年金分割の調停の呼び出しがかかってきます。

ここでしっかりしないといけません。

あなたがまだ50歳なら、年金分割で分割されても実際に控除されて支給されるのは65歳からです。15年間十分時間があるのです。

ご存じのように厚生年金は会社から支給される賃金額によって、年金額が決まってきます。それであれば、あと15年間で仕事を頑張って、失った年金部分をとりもどせばいいのではないでしょうか。

また、新しいパートナーと巡り合い、人生再スタートができるわけでもあります。

あなたの年金を半分も持っていかれるわけでない

基本的には、年金月額のシミュレーションの表（図表12）にもありますが、あなたの年金を半分も持っていかれるわけではありません。多くて月額５万円で、平均的なサラリーマンであれば、妻が専業主婦のケースでなければ、そのほとんどが２万円から３万円の範囲内でおさまります。

また、さきほどのように、年金受給までに再婚しておれば、加給年金は支給対象になります。

小学生の子供さんなどを引き取られたとしても、今は父子家庭にも母子家庭のように、公的な補助を受けることもできるようになってきました。

しかしながら、離婚したあとも、あっさり気持ちを入れ替えることができる女性に対して、男性はなかなか離婚後も気持ちの切り替えができないケースが多いようです。

何事も前向きに考えていきたい

自宅を元妻に渡すとか、その他の預貯金などの財産の整理もついたならば、まさしく、熟年離婚であれば人生の再スタートが始まったと決意して、頑張っていかなければならないと思います。

離婚の原因が男性の浮気とか、借金の問題とか、明らかに男性に問題があれば、ある程度納得できる離婚ですが、いわゆる熟年離婚は、長いストレスが蓄積したものであり、夫側としたら、何故離婚なのか、離婚後も納得できていないケースもあります。

何事も前向きに考えていきたいものです。

2　生涯の年金額に対してトータルの減額部分はいくらになるか

夫56歳・妻50歳専業主婦（離婚時）のケース

図表16に、離婚してしまったときどれほどの年金が、離婚しなかったときに比べ、影響を受けるのか、具体的に計算して考えてみます。

離婚をしなかったときの年金額の計算

ここで、最初に夫Aさんの離婚時までの保険料納付期間での計算で、離婚をしなかったときの年金額を計算してみたいと思います（図表17）。

妻Bの年金

図表18は、妻Bの年金について考えてみます。

妻Bは専業主婦であり、厚生年金に未加入ですので、年金はあくまでも65歳支給になります。年金分割で元夫より厚生年金の分割を受けても、昭和41年4月2日以降生まれの女性は支給開始年齢には影響はなく、60歳支給開始とはならず、あくまでも65歳支給開始となります。また、10年以上の加入期間がないと分割の年金も受給できません。

【図表16　夫Ａ56歳・妻Ｂ50歳　専業主婦(離婚時)のケース】

（夫A）　昭和39年4月1日生まれ。
昭和59年4月1日　　年金株式会社入社
離婚時まで厚生年金の被保険者であります。
（妻Ｂ　）昭和45年4月1日生まれ
会社勤務なし、専業主婦で　２０歳になった平成2年4月以降は国民年金の第1号被保険者となる。結婚後は第3号被保険者となる。
結婚平成5年4月1日　　　　離婚令和2年3月31日とする。

①標準報酬総額 （夫A）
入社から結婚まで：2,160万円（9年で20万円の108月分）
結婚から平成15年3月まで：3,120万円（10年で26万円の120月分）
平成15年4月から令和2年3月まで；6,120万円（17年で30万円の204月分）

②　対象期間標準報酬月額（平成15年3月までの標準報酬総月額を実務上全期間再評価率を仮に1.2倍にして計算）

対象期間の標準報酬総額
結婚から平成15年3月まで；3,744万円（3,120万×1.2）
平成15年4月から令和2年3月まで；6,120万円
合計3,744万＋6,120万＝9,864万円
妻は婚姻期間中の標準報酬月額はないのでゼロとして計算します。

ここで計算した夫と奥様の標準報酬総額：9,864万円＋0で合計9,864万円の半分の4,932万円部分を上限に、離婚時に按分割合を話合い、話合いがつかなければ、調停へと持ち込まれます。
しかしながら、日本の裁判所の流れでは最終的には上限の5割分割になってくると思われます。ただし、平成20年4月以降の奥様の第3号被保険者期間は話合いによらず強制的に5割分割が法制化されました。

このシミュレーション（図表19）は、離婚時点の保険料納付期間による年金の金額のイメージをご理解していただくものです。

夫Aであれば56歳以降、妻Bであれば50歳以降の離婚後の期間は計算にいれていませんので、離婚後も年金に継続して加入していれば、これよりも年金額は多くなります。

【図表17　離婚をしなかったときの夫Aの年金】

夫Aのケース

①　老齢厚生年金（65支給）（離婚の時点での加入年数で計算）

平成15年3月までの期間

平均標準報酬月額の再評価率は仮に全期間1.2倍として計算

（2,160万＋3,120万）×1.2÷228＝277,895を平均標準報酬月額として計算

277,895×7.125／1,000×228＝451,440円

平成15年4月以降の期間

平均標準報酬額の再評価率は仮に1.0倍として計算

6,120,000÷204＝300,000を平均標準報酬として計算

300,000×5.481／1,000×204＝335,437

合計　451,440円プラス335,437円で786,877円となります。

②　老齢基礎年金（65歳から支給）（離婚の時点での加入年数で計算）

781,700（令和2年度価格）×432／480＝703,530円

③　加給年金（65歳支給）

390,900円（令和2年度価格）（65歳未満の配偶者がいるとき）

合計の結果65歳からは786,877円プラス703,530円プラス390,900円で合計1,881,307円の支給になります。

ただし、奥様が65歳になるとその時から加給年金が支給されなくなり

1,490,407円の支給になってきます。

Aが20年以上厚生年金に加入しているため、Aが65歳になると加給年金が加算されることになります(ただし、妻Bが65歳未満で年収850万未満で妻が65歳になるまでです)。

【図表18　妻Bの年金】

妻Bのケース

①　老齢基礎年金（65歳から支給対象となります）

離婚までの期間を保険料納付済期間とする。

国民年金に加入していた期間（20歳から結婚まで国民年金に加入しており、結婚後は第3号被保険者期間として計算すると加入計算期間は360月分）として計算する。

781,700（令和2年度価格）×　360／480＝586,275円

合計586,275円の年金となります。

【図表19　専業主婦の場合の年金分割前の年金シミュレーション】

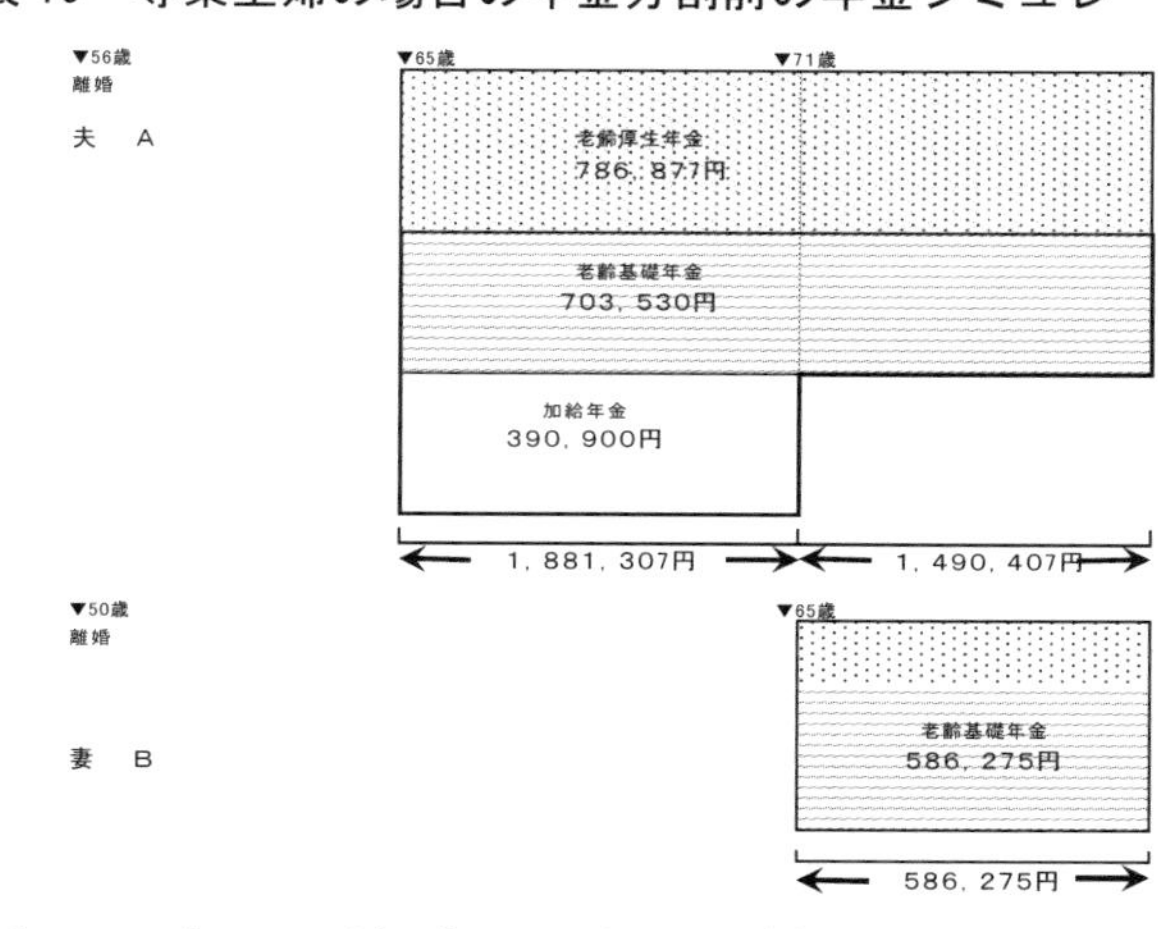

対象期間標準報酬総額の夫Aから妻Bへの分割年金額の計算

次は、対象期間標準報酬総額の夫Aから妻Bへの分割の年金額の計算をしてみます。

このケースでは、対象婚姻期間中の結婚から平成15年3月までの3744万円と平成15年4月から離婚の令和2年3月までの6120万円を合計した9864万円の半分の4932万円が妻への分割の記録となります。妻の厚生年金の期間がこの期間中にあれば、その分も合計して、半分に分割して計算することになります。4932万円の標準報酬総額が夫から妻に分割されることになります。

分割後の年金

次に、分割後の年金について計算します。あくまでも、厚生年金が分割対象になります（図表21・22参照）。老齢基礎年金は分割前後に金額の変更はありません。

【図表 20　分割後の夫Aと妻Bの年金】

年金分割後の年金年額の算出（分割割合 50%のとき）
夫Aのケース
① 老齢厚生年金（65 歳支給）
平成 15 年 3 月までの期間
分割後の標準報酬総額
（2,160 万×1.2）＋（3,744 万÷2）＝4,464 万円
平均標準報酬月額の再評価率は仮に全期間 1.2 倍として計算
44,640,000÷228＝195,789 円を平均標準報酬月額として計算
195,789×7.125／1,000×228＝318,059 円
平成 15 年 4 月以降の期間
平均標準報酬額の再評価率は仮に全期間 1.0 倍として計算
（61,200,000÷2）÷204＝150,000 を平均標準報酬として計算
150,000×5.481／1,000×204＝167,719
合計　318,059 円プラス 167,719 円で 485,778 円となります。
② 老齢基礎年金（65 歳から支給）（離婚の時点での加入年数で計算）
781,700（令和 2 年度価格）×432／480＝703,530 円
③ 加給年金は離婚しているためゼロになります。
合計として結果的に 65 歳からは老齢厚生年金 485,778 円＋老齢基礎年金 703,530 円合計 1,189,308 円となり、加給年金の 390,900 円のマイナス分も計算すると 691,999 円マイナスになります。加給年金を除いても 301,099 円ほど少なくなるようです。

専業主婦の期間が長く、夫が高額所得者であればあるほど、夫の減額部分が多くなる

基本的に先ほどの年金分割の表で理解できると思いますが、専業主婦の期間が長く、夫が高額所得者であればあるほど夫の減額部分が多くなり、逆に妻は厚生年金が多くなるということになってきます。

とくに注目していただきたいのは、妻が夫より年下で、年齢差が大きいほど、加給年金が受給できなくなる金額は増大することになります。

事例のケースですと、なんと65歳からは年間約69万円の減額になってきます（図表22参照）。これを男性の平均寿命81歳まで、離婚したときの減額の金額を計算してみると、なんとトータルで716万2984円となります。

【図表21　専業主婦の場合の年金分割後の年金シミュレーション】

妻Bのケース

年金分割により、本来は老齢基礎年金だけでしたが、65歳から老齢厚生年金と老齢基礎年金が支給されることになります。

① 老齢厚生年金（65歳支給）

平成15年3月までの期間

分割後の標準報酬総額

平均標準報酬月額の再評価率は仮に1.2倍として計算

（37,440,000÷2）÷120＝156,000円を平均標準報酬月額として計算

156,000×7.125／1,000×120＝133,380円

平成15年4月以降の期間

平均標準報酬額の再評価率は仮に全期間1.0倍として計算

（61,200,000÷2）÷204＝150,000を平均標準報酬として計算

150,000×5.481／1,000×204＝167,719

合計　133,380円プラス167,719円で301,099円となります。

② 老齢基礎年金（65歳支給）

781,700（令和2年度価格）×　360／480＝586,275円

合計として65歳からは　301,099円プラス586,275円プラスで合計887,374円となります。結果的に妻Bは65歳から301,099円年金分割により多く受給することになってきます。

【図表22　専業主婦の場合の年金分割後の年金シミュレーション】

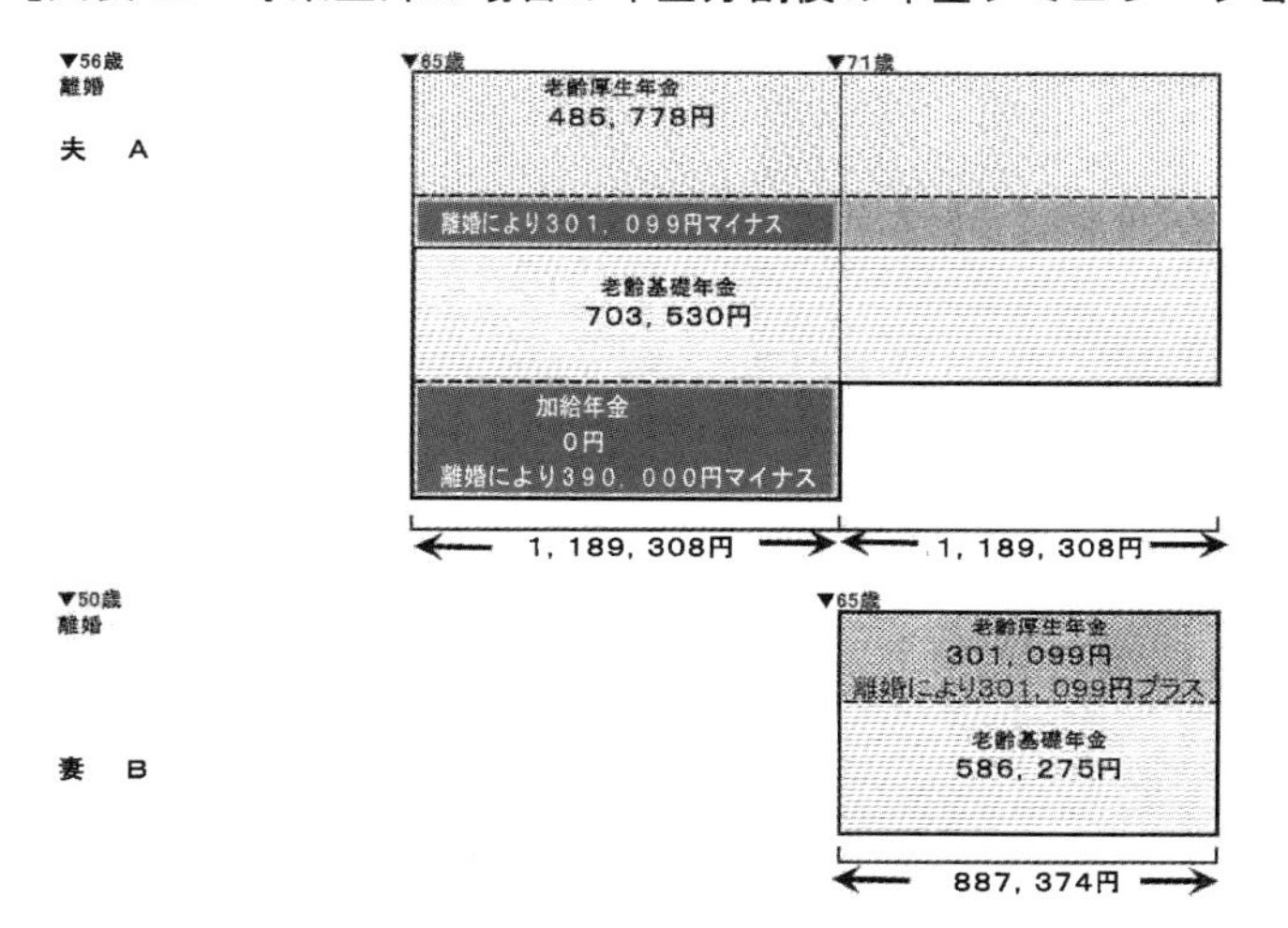

【図表 23　夫Aのケース・平均寿命 81 歳まで生きたとき】

年齢	本来年金額	離婚後年金額	年金減少額	減少総額
65歳～71 歳	1,881,306	1,189,308	846254	4,151,988
71歳～81歳	1,490,406	1,189,308	453,054	2,709,882
合計	24,701,490	17,839,620		6,861,870

【図表 24　妻Bのケース・平均寿命 87 歳まで生きたとき】

年齢	本来年金額	離婚後年金額	年金増加額	増加総額
65歳～87歳	586,275	887,374	301,099	6,624,178
合計	12,898,050	19,522,228		6,624,178

【図表 25　妻Bのケース・ご主人と同じ平均寿命 81 歳まで生きたとき】

年齢	本来年金額	離婚後年金額	年金増加額	増加総額
65歳～81歳	586,275	887,374	301,099	4,817,584
合計	9,380,400	14,197,984		4,817,584

いかに離婚の代償が大きいか、ケースにもよるかもしれませんが、このような方も出てくる可能性があるということです。図表23～25をみてください。

もし、ご夫婦が離婚しないときは、お互い81歳までの年金額の総合計は離婚しないときが約３４０８万で離婚すると、２人足しても約３２０３万で約２０５万円ほど少なくなってしまいます。

夫が平均寿命の81歳・奥様が87歳の平均寿命ちかくまで生きて始めてマイナスにならないような状況です。これは、妻が夫より若く、年収８５０万未満であれば、支給される加給年金が、離婚によって、消滅してしまうことがその大きな原因になってきます。

加給年金が支給対象にならない、妻が同年齢以上とか８５０万以上の年収があるといったケースでは、これほど、離婚後におけるトータルの年金受給額はあまり相違してこないのではないかと思います。それは基本的には夫の減額された部分が妻の年金になってくるからです。

それにしても、男性で、平均寿命まで生きていれば、年金がトータル約2千5百万円あるのが約1千8百万円になってしまうのは、やはり男性としては辛いものがあります。

今回の事例のように、妻が主婦歴が長く、妻が年下で加給年金の対象の方であれば、年金分割は今回の事例のように、なってくるケースが考えられますので注意が必要です。

したがって、話は戻りますが、妻を日常から思いやる、また大事にすることが、結果的に自分の老後の年金にまで影響してくるということです。

また、年金分割早見表を見ていただければ、今回のケースは第1号改定者である夫の婚姻期間中の厚生年金の年金月額は約5万円のランクかと思います。するとどうでしょうか、第2号改定者の厚生年金ゼロの欄の交差する個所の減額の年金月額2万円と3万円の中間で2万5千円の水準となっています。今回のシミュレーションでも年間約30万円の減額ですので、おおよそ年金減額の早見表は、的を得ているといえます。

共稼ぎで共に厚生年金に加入しているケース

次に、さきほどのケースとは対照的なケースで共稼ぎで共に厚生年金に加入しているケースをシミュレーションします（図表26参照）。

このシミュレーションは、離婚時点の保険料納付期間による年金の金額のイメージをご理解していただくものであり、Cであれば57歳以降Dであれば53歳以降の離婚後の期間は計算にいれていませんので、離婚後も年金に継続して加入していれば、これよりも年金額は多くなります。

夫Cから妻Dへの分割後（分割割合50％）の年金額の計算

次は、対象期間標準報酬総額の夫Cから妻Dへの分割後（分割割合50％）の年金額の計算をします。

今回のケースも夫の報酬総額が多いので、第1号改定者夫C、第2号改定者妻Dとして計算します（図表27～29参照）。

今回のシミュレーション結果をみても夫の年金月額の約6万円の欄と妻約4万円欄が交差する箇

【図表 26　夫C57歳・妻D53歳（離婚時）のケース】

○夫C　昭和 38 年 4 月 1 日生まれ　昭和 58 年 4 月 1 日　年金保険株式会社入社
離婚時まで厚生年金の被保険者であります。
○妻D　昭和 42 年 4 月 1 日生まれ　昭和 60 年 4 月 1 日　厚生年金株式会社入社
離婚時まで厚生年金の被保険者であります。
結婚　平成 7 年 4 月 1 日　離婚令和 2 年 3 月 31 日

① 標準報酬総額　夫C
入社から結婚まで；3,744 万円（12 年で 26 万円の 144 月分）
結婚から平成 15 年 3 月まで：2,880 万円（8 年で 30 万円の 96 月分）
平成 15 年 4 月から令和 2 年 3 月まで；8,364 万円（17 年で 41 万円の 204 月分）

② 標準報酬総額　妻D
入社から結婚まで；2,160 万円（10 年 18 万円の 120 月分）
結婚から令和 2 年 3 月まで；2,304 万円（8 年 24 万円の 96 月分）
平成 15 年 4 月から令和 2 年 3 月まで；5,712 万円（17 年の 28 万円の 204 月分）

③ 対象期間標準報酬総額（平成 15 年 3 月までは再評価率を全期間 1.2 倍して計算）
結婚から平成 15 年 3 月まで：(2,880＋2,304) ×1.2＝6,221 万円
平成 15 年 4 月から令和 2 年 3 月まで：8,364＋5,712＝14,076 万円
合計 6,221＋14,076＝20,297 万円

所が1万円前後となっており、簡易版の年金分割早見表は的をえているのです。

2事例について、複雑な年金シミュレーションをしてきましたが、この事例のように、お互い社会保険加入の事業所で長く共働きをしているようなケースでは、1万円から2万円くらいのケースが多いのです。

もちろん逆に妻の所得が婚姻期間中高ければ、年金分割は妻から夫に分割されるというケースもでてきます。

今回の2事例とも、令和2年現在の計算方法で計算してみました。

実際の計算とは、相違してくるところもありますが、あくまでもシミュレーションですので、ご理解ください。

【図表 27 ①　夫（C）の分割をしないときの年金（65歳支給）】

夫Cのケース
計算の条件
標準報酬総額（昭和 58 年 4 月から平成 15 年 3 月まで
(3,744 万＋2,880 万) ×1.2 倍＝7,949 万円
標準報酬総額（平成 15 年 4 月から令和 2 年 3 月まで 8,364 万円
① 老齢厚生年金
平成 15 年 3 月までの期間
平均標準報酬月額の再評価率は仮に全期間 1.2 倍として計算
79,490,000÷240＝331,208 円を平均標準報酬月額として計算
331,208×7.125／1,000×240＝566,366 円
平成 15 年 4 月以降の期間
平均標準報酬額の再評価率は仮に全期間 1.0 倍として計算
83,640,000÷204＝410,000 を平均標準報酬として計算
410,000×5.481／1,000×204＝458,431
合計　566,366 円プラス 458,431 円で 1,024,797 円となります。
② 老齢基礎年金（65 歳支給）
786,500×444 月／480 月＝727,513 円
③ 加給年金（65 歳支給）
390,900 円（65 歳未満の配偶者がいるとき）

合計　1,024,797 円＋727,513 円＋390,900 円＝2,143,210 円

【図表 27 ②　妻（D）の分割しないケースの年金】

妻Dのケース
① 老齢厚生年金（65 歳支給）
計算の条件
標準報酬総額（昭和 60 年 4 月から平成 15 年 3 月まで 18 年間）；5,357 万円
(2,160＋2,304) ×1.2 倍=5,357 万円
標準報酬総額（平成 15 年 4 月から平成 2 年 3 月まで 17 年間）；5,712 万円
離婚までの期間を加入期間とする
平成 15 年 3 月までの期間
平均標準報酬月額の再評価率は仮に全期間 1.2 倍として計算
53,570,000÷216＝248,009 円を平均標準報酬月額として計算
248,009×7.125／1,000×216＝381,686 円
平成 15 年 4 月以降の期間
平均標準報酬額の再評価率は仮に全期間 1.0 倍として計算
57,120,000÷204＝280,000 円
280,000×5.481／1,000×204＝313,075
合計　381,686＋313,075＝694,761 円
② 老齢基礎年金（65 歳支給）
786,500×396 月／480 月＝648,863 円

合計　694,761 円＋648,863 円＝1,343,624 円

【図表 27 ③　年金分割後夫Ｃの年金（分割割合 50%）のとき】

夫Ｃのケース
婚姻期間中の夫婦の合算総報酬額
（2,880 万+2304 万）×1.2+8,364 万＋5,712 万＝20,297 万円
50%分割なので 20,297 万÷2＝10,149 万円
① 老齢厚生年金
標準報酬総額（昭和 58 年４月から平成 15 年３月まで
（3,744×1.2 倍）＋（2,880 万＋2304 万）×1.2÷2＝7,603 万円
平成 15 年３月までの期間
平均標準報酬月額の再評価率は仮に 1.2 倍として計算
76,030,000÷240＝316,792 円を平均標準報酬月額として計算
316,792×7.125／1,000×240＝541,714 円
平成 15 年４月以降の期間
平均標準報酬額の再評価率は仮に全期間 1.0 倍として計算
（8,364 万＋5,712 万）÷2＝7,038 万を標準総報酬額として計算
70,380,000÷204＝345,000
345,000×5.481／1,000×204＝385,752 円
合計　541,714 円プラス 385,752 円で 927,466 円となります
② 老齢基礎年金（65 歳支給）
786,500×444 月／480 月＝727,513 円

合計 927,466 円＋727,513 円＝1,654,979 円

【図表 27 ③　年金分割後妻Ｄの年金（分割割合 50%）のとき】

妻Ｄケース
① 老齢厚生年金
平成 15 年３月までの期間
標準報酬総額 2160×1.2＋（2,880＋2304）×1.2÷2＝5,702 万円
平均標準報酬月額の再評価率は仮に全期間 1.2 倍として計算
57,020,000÷216＝263,981 を平均標準報酬月額として計算
263,981×7.125／1,000×216＝406,267 円
平成 15 年４月以降の期間
平均標準報酬額の再評価率は仮に全期間 1.0 倍として計算
（8,364 万＋5,712 万）÷2＝7,038 万を標準総報酬額として計算
70,380,000÷204＝345,000
345,000×5.481／1,000×204＝385,753 円
合計 406,267＋385,753＝792,020 円
② 老齢基礎年金（65 歳支給）
786,500×396 月／480 月＝648,863 円

合計 792,020 円＋648,863 円＝1,440,883 円

【図表 28　事例（夫婦共稼ぎの年金分割前のシミュレーション】

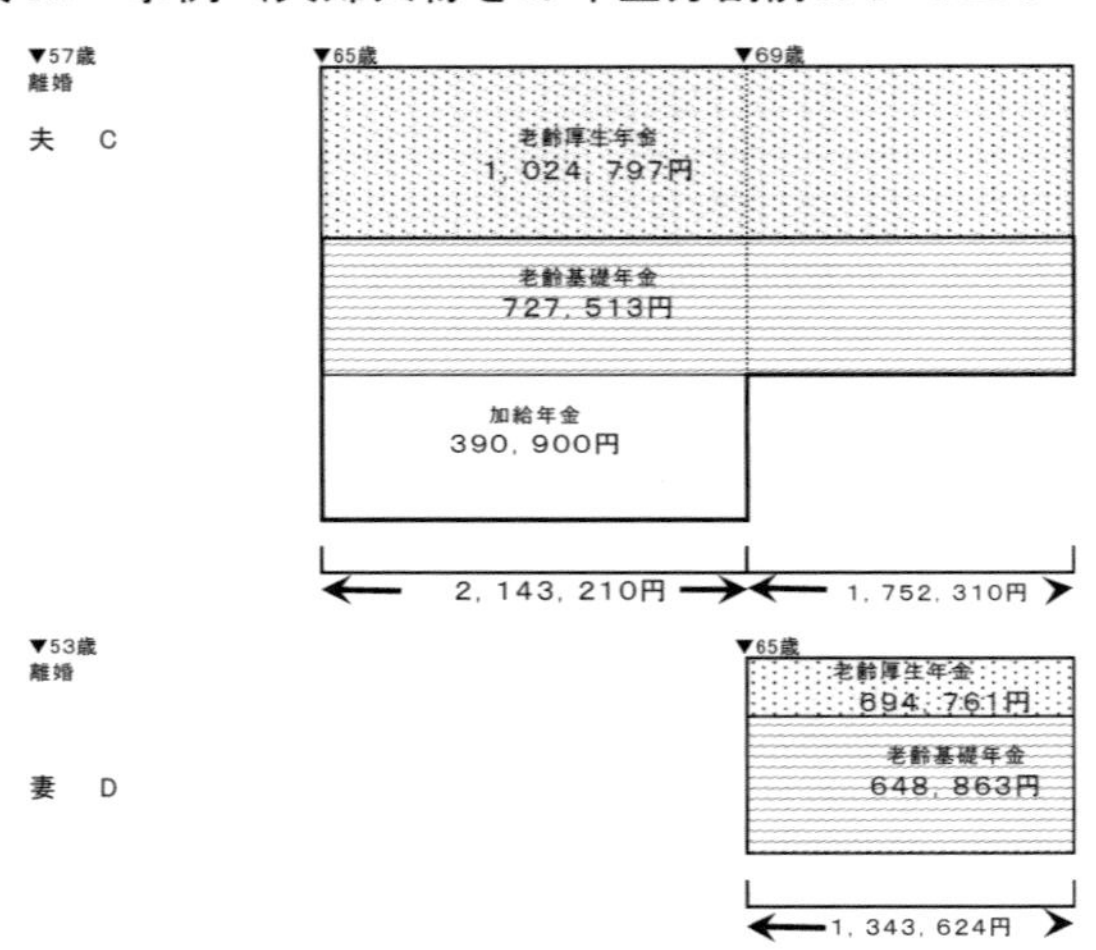

【図表 29　事例（夫婦共稼ぎの年金分割後のシミュレーション】

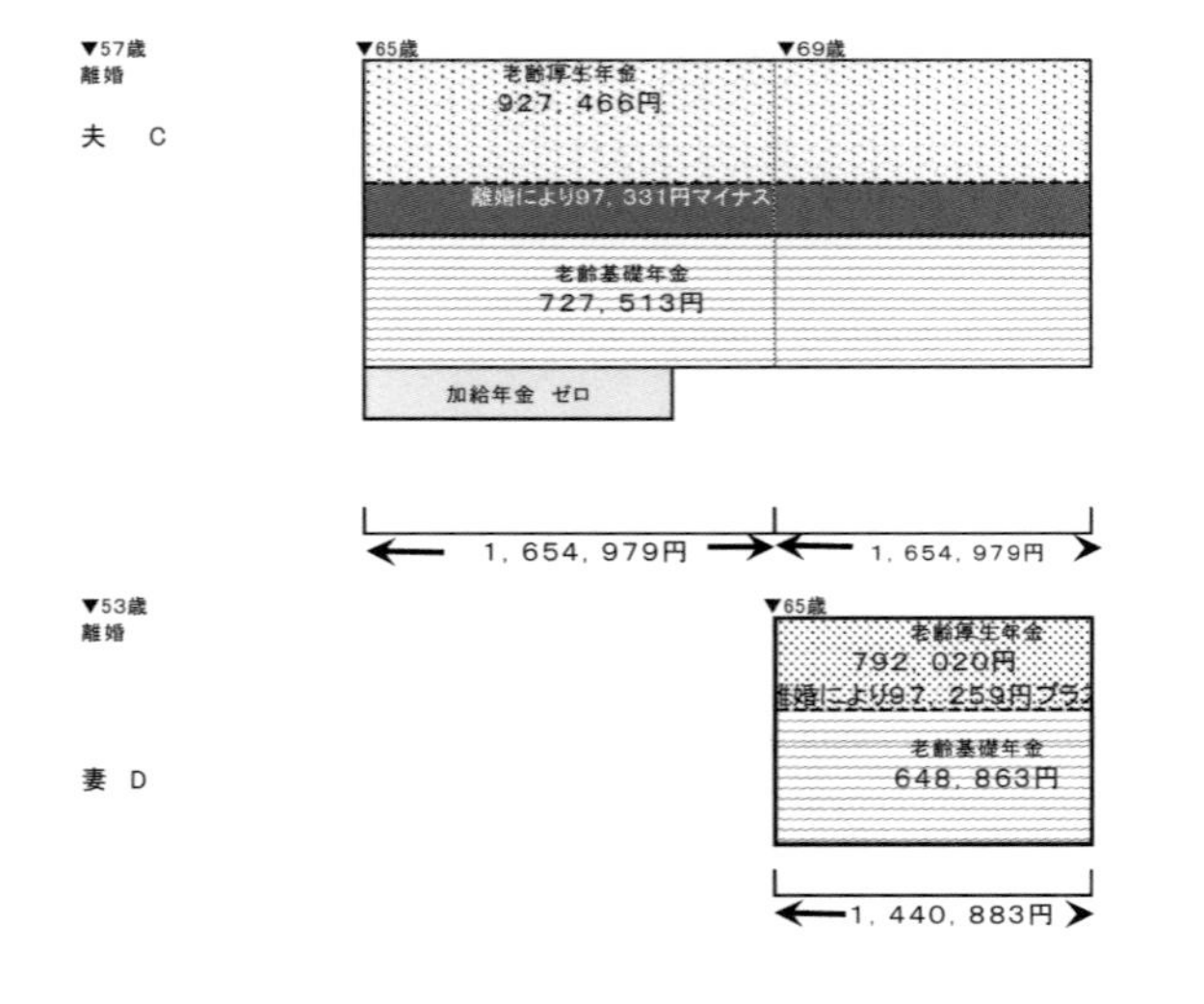

3　受給中は、年金分割改定請求の翌月から年金が少なくなる（さかのぼっての減額はない）

お互いが年金を受給中の離婚のときの年金分割

次に、60歳以上でお互いが年金を受給中の離婚のときの年金分割について考えてみます。

これらのケースでは、すでに年金を受給していますので、離婚における分割は、ダイレクトにお互いの生活に影響を与えることになってきます。

基本的な分割の仕組みは、同じですが、違いはすでに年金額は確定して支給されており、すでに受給しているということです。

現在の日本人の平均的年金月額が約15万円ほどの方が、仮に、年金分割で月々3万円ほど減額ということになりますと、年金分割をお互い合意して、年金事務所に改定請求をした翌月からの年金額が減額されて15万円が12万円になって支給されることになります。

あくまでも分割を合意した以後の年金が対象

遡って減額されるということはありません。あくまでも分割を合意した以後の年金が対象になります。

60歳代で、毎月の3万円減額されて、一人で家事をやりくりしてやっていくというのは、なかなか辛いものがあります。

今までは妻との年金とか含めて、家事炊事などをやってきており、別々の所帯でないので、経済的にも負担が比較的軽くすんでいたのです。

別々ということになれば、家賃もその他の経費も何もかも別々になってきますので、経済的にもかなり負担の伴うケースもでてきます。

いずれにしても、お互いが年金受給者のときは、十分すぎるくらい熟慮しなければならないのです。

4　年金は2か月に1回偶数月の15日が支給日

年金の支給日

ここで、年金の支給日について考えてみます。

原則偶数月（2月・4月・6月・8月・10月・12月）の毎月15日が支給日となります。15日はどこの銀行も混雑しています。

これは、この年金支給日だからです。考えてみれば、江戸時代は年金などの制度はありませんでしたが、生きていました。毎月偶数月に2か月分支給されるという制度はある意味素晴らしい制度です。何もしなくても、国から死ぬまで、年金が支給されるのですからね。

ご夫婦で、銀行の偶数月に2か月分40万円ほどになるのと、夫の一人分で2か月分24万円ほどの年金額ではどうですか、やはり心のゆとりも違ってくるのではないでしょうか。

ただし、上乗せの制度である企業年金や、基金などの制度からの支給もありますので、やはり個人ごとに実態は違ってくると思います。

ただし、言えることは、年金以外に収入の見込める人は年齢がいけばいくほど難しくなってくるということです。

5　繰り上げ・繰り下げ支給も検討する

繰り上げ支給と繰り下げ支給は年金特有の制度

次に、年金特有の制度である、繰り上げ支給と繰り下げ支給について考えてみます。

年金分割で15万円の月額が12万円になってしまたケースで考えます。このケースのとき約2割の年金が減少したわけです。現役時代バリバリであった元サラリーマンからみれば、年金の減額は、本当に辛いものがあります。

このような方のアドバイスになるかどうかわかりませんが、年金を増額させる方法が1つあります。意外と知らない方もいると思いますが、それは、年金の繰り下げ制度の活用です。

【図表 30　どの年齢から受給すれば得策か】

繰り上げ請求支給率

60歳	76%
61歳	80.8%
62歳	85.6%
63歳	90.4%
64歳	95.2%

繰り下げ請求支給率

66歳	108.40%
67歳	116.80%
68歳	125.20%
69歳	133.60%
70歳	142%

（※S16.4.2生まれ以降の人）

原則65歳は100%

どの年齢から受給すれば得策か

年金の繰り下げ制度は、昭和16年4月2日生まれ以降人のからは、繰り下げを請求したときは、請求月を1か月遅らせると0・7%ずつ年金額が増加していくというものです。逆に、年金の繰り上げは、繰り上げ請求をすると令和4年4月改正があり0・5%から0・4ずつ年金額が下がるという制度になりました。これを表にすると、図表30のようになります。

年金の受給を繰り下げ

図表30をみていただければわかりますが、年金分割で2割減額されて、がまんできないのであれば、年金の受給を繰り下げて68歳から受給すれば2割5分年金が増額されます。しかもこれは生涯継続していくことになってきます。いかがでしょうか。

男性の中には、年金がなくても十分生活ができるといった経済力のある方であれば、年金の繰り下げ請求という選択肢もあります。

繰り下げ請求は、実務的には少ないケースかと思いますが、５年まって70歳からの支給となれば、１４２％アップするというのはこの低金利の時代大変魅力ある制度です。

男性に資金的に余裕がある方であれば、65歳から月額10万円とすると70歳までに６００万円の受給になります。

この間、手持ち資金で６００万円準備して、70歳から年金を受給すれば年金月額14万２０００円の12倍で年金年額１７０万４０００円の年金になります。

毎年50万４０００円の増加分を金利がついたものとして考えると、５年間でインフレとかデフレを考えないで単純に計算すると、年利は50万４０００円／６００万円で年利８・４％の運用ができたことになります。

なんとこの低金利の時代に８・４％です。すごい制度です。

70歳までいかなくても68歳では毎年12万５２００円の12倍で１５０万２４００円の年金額で年間30万２４００円で増加したことになり増加分を利息として考えてれば年利５・０％になってきます。

この年利の計算方法にはいささか異論もあるかと思いますが、このような見方もできるのではないかということを示しています。ただし、この前提は基本的に平均寿命まで生きるとしたときです。

この金利の関係を表にすると、図表30のようになります。

このように表にしてみると、いかに繰り下げ請求が魅力であるかご理解いただけると思います。

【図表31　65歳の支給の年金を繰り下げ支給申請したとき】

≪65歳支給時年金月額10万円のケース≫

（単位　円）

支給開始年齢	月額	年額	5年合計	増加年金額	年間増加額	年利
65歳	100,000	1,200,000	6,000,000	0	0	0%
66歳	108,400	1,300,800	6,504,000	504,000	100,800	1.7%
67歳	116,800	1,401,600	7,008,000	1,008,000	201,600	3.3%
68歳	125,200	1,502,400	7,512,000	1,512,000	302,400	5.0%
69歳	133,600	1,603,200	8,016,000	2,016,000	403,200	6.7%
70歳	142,000	1,704,000	8,520,000	2,520,000	504,000	8.4%

5年後に死亡するとわかっていれば、繰り上げ請求

600万円を銀行に預け入れしても、5年ものの定期預金で現在は最大で0・5%ほどです。仮に0・5%とすると、600万円×0・005で3万円です。

5年間でも15万円にしかなりません。1年間据え置くだけでも銀行の約3倍、70歳年金支給開始で約17倍の違いがあります。

このようにじっくり考えてみると、低金利の日本では、年金の繰り下げ支給も十分検討してみる価値はあると思います。まさに、別の視点で見れば自分の生死を人生の担保にしていますが、これだけの運用利回りのある金融商品は今の日本にはないともいえます。

また、年金相談の現場でよく、年金は繰り下げてもらうのがいいのか、はたまた繰り上げてもらうほうがいいのか、よく質問されます。

私はいつも「誰も人生いつまで生きていけるかわからないので、どの選択がベストかは誰もわからないです」

と回答しております。

５年後に死亡するとわかっていれば、繰り上げ請求ですし、平均寿命の約81歳まで生きるというのであれば、繰り下げが有利となります。60歳に65歳から受給できる年金を繰り上げ支給したときの損益分岐点は平均80歳といわれているので、判断の材料としては80歳以上生きることができる、はたまた、その前で死亡するかといった視点は、判断の基準になると思っています。

熟年男性で年金を減額されている方であれば、この繰り下げ請求というのも十分考えてみる価値はあるといえます。但し、令和４年４月から75歳までの繰り下げができるようになりました。

6　年金は差し押えの対象にはならない

塾年離婚で、年金が減額されても、国税滞納処分以外には差し押えの対象にはならない

厚生年金法第41条１項（受給権の保護）にこのような条文があります。

「保険給付を受ける権利は、譲り渡し、担保に供し、又は差し押えることができない。ただし、年金たる保険給付を受ける権利を別に法律で定めるところにより担保に供する場合及び老齢厚生年金を受ける権利を原則国税滞納処分（その例による処分を含む）により差し押さえる場合は、この限りでない」となっています。

塾年離婚で、年金が減額されても、原則国税滞納処分以外には差し押えの対象にはならないということです。様々な借金でクビが回らなくなっても、基本的には年金は保護されます。熟年で年金が減額されるようなことがあっても、年金は国税や地方税の滞納処分以外は基本的には保護されると思ってください。このように考えると、妻との年金分割は国税等以上の厳しい措置ともいえなくはないかです。

3章でお話しましたが、妻の主婦業を労働の対価としての賃金という視点でみれば、年金分割は仕方がないかもしれません。しかし、やはりあれだけ命を削るような思いで働いてきたのに、との思いは消えないのです。自宅とか、不動産とかその他の財産は比較的差し押さえされやすいですが、年金はその他の権利とは違うということをご理解していただきたいのです。

ここで、繰り下げについてもう少し考えてみると、年金月額20万円の人が1か月繰り下げると1400円年金が増えます。10か月繰り下げれば1万4000円も年金が増えることになります。

これはあなたの生涯にわたり影響してきます。なんともすごい制度なのです。3年も繰り下げしなくても1年でも大きいのです。1年繰下げ請求で10年間で16万8000円も年金を多くもらえることになるのです。しかも、これらの年金は原則差し押さえの対象にもなりません。株式とか不動産・現金などは差し押さえの対象になってきますが、ある意味年金は国が守ってくれるのです。

もう1つ忘れていけないのが、税制の優遇措置があることです。令和2年分の場合、65歳以上であれば、年間158万円まで税金がかかりません。これが生涯継続していきます。毎月約13万円が非課税ということになるのです。金融商品でもこれだけ税制で優遇されているものはありません。

7章　厚生年金は分割対象になるが、民間の年金は対象外

1　民間の年金は分割の対象になるか

熟年離婚で財産などを喪失した方には、この民間の個人年金は頼りになる

次に、国の保険でない民間の生命保険会社の年金はどうなのかということについて考えてみます。

私は、社会保険労務士として開業する以前は、日本生命で22年間勤務してきました。その経験を通して感じることは、熟年離婚で財産などを喪失した方には、この民間の個人年金は頼りになる制度ではないかと思います。

離婚時に財産分与として解約して、解約金の一部を財産分与するといったことがなければ、民間の個人年金は年金額が将来分割されるといったことはありません。

また、資金的に大変であれば、解約返戻金の一部の貸付を受けるとか、やむなく全部解約で資金の手当も可能であります。

民間の保険会社の男性の方の仕組み

ここで具体的なある民間の保険会社の資料から、簡単にその男性の方の仕組みをまとめてみました。図表32をみていただきますと、30歳加入で月々1万2108円の保険料で65歳から年金月額が5万円で年額60万円になります。しかも10年確定ですので、もし死亡されても遺族に10年分の年金

【図表32　年金保険の仕組み（30歳のケース）】

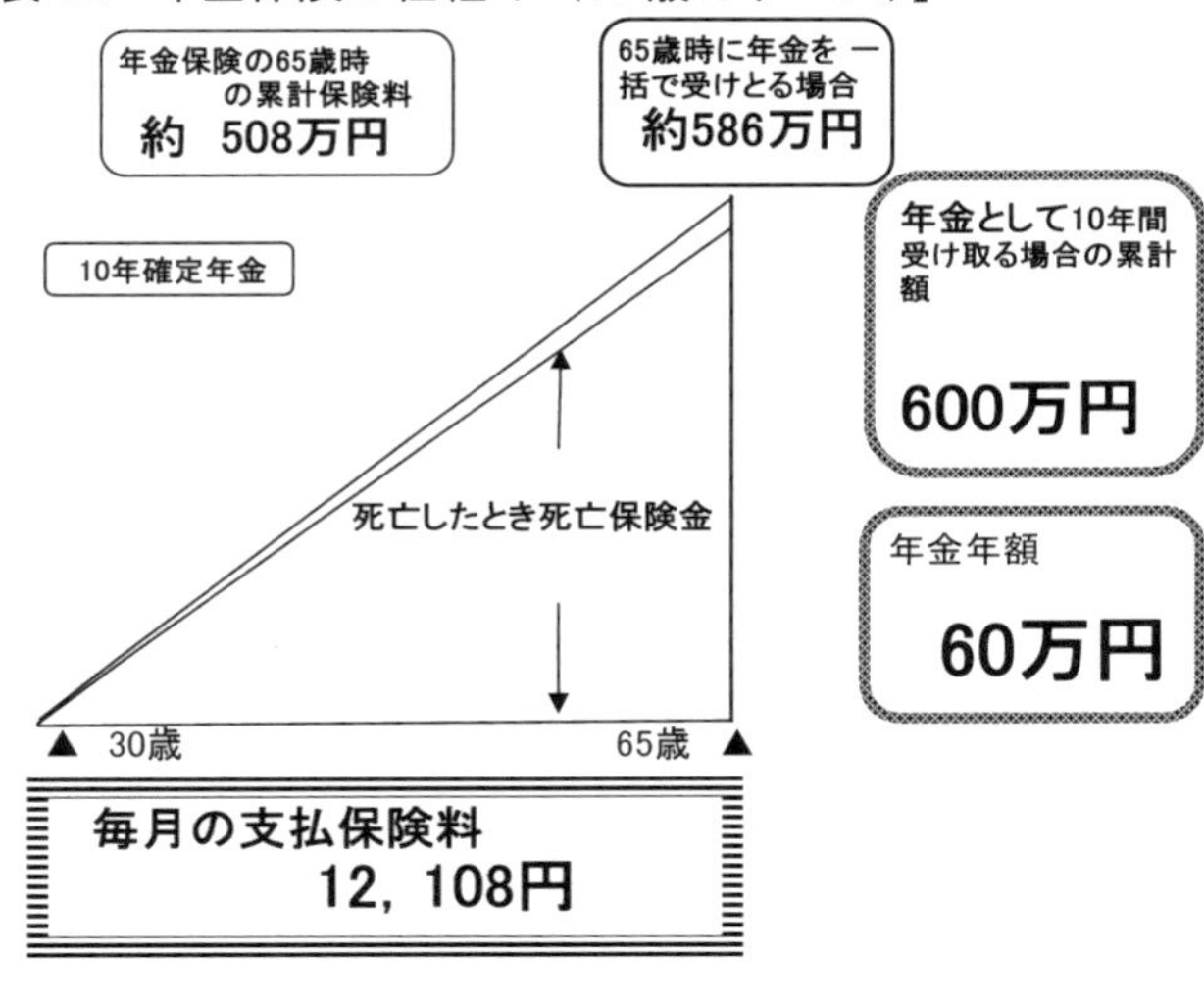

	5年	10年	20年
累計保険料	72.6	145.2	290.5
解約返戻金	60.3	135.5	294.4

（単位　万円）

は保証されています。

年金分割で、男性で減額していく年金月額は多い人で5万円前後でありますので、まさにこの個人年金などは、万が一離婚されても失われた年金部分はある程度カバーできるのです。

個人の保険については解約までして、分割しないケースが多い

離婚時の遺産分割などで、生命保険などはその時点の解約金で計算しますが、実務的には、このような個人の保険については解約までして、分割しないケースが多いような気がします。

【図表33　年金の仕組み（40歳のケース）】

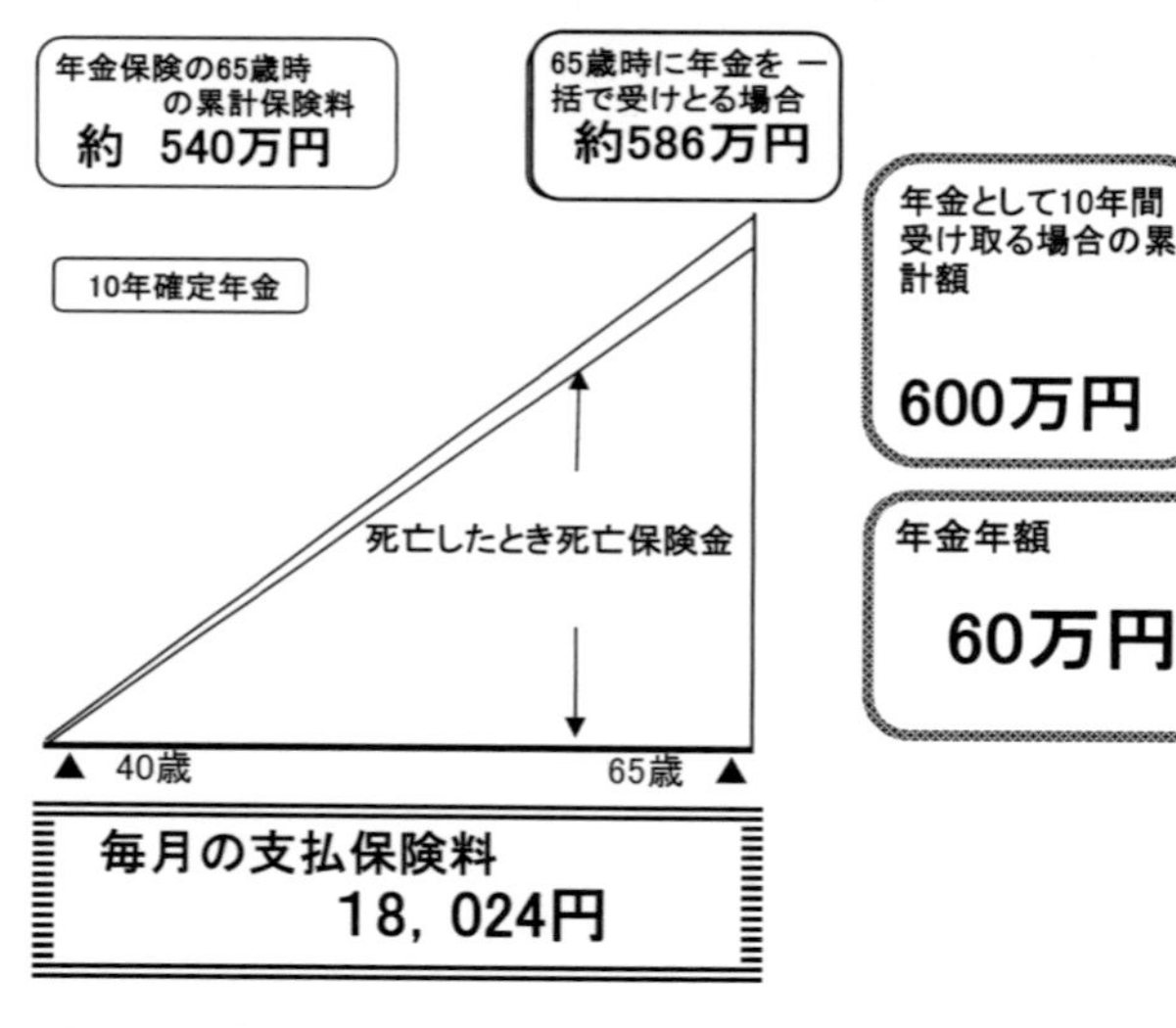

	5年	10年	20年
累計保険料	108.1	216.2	432.5
解約返戻金	94.5	206.6	449.2

（単位　万円）

不動産とか預貯金であれば、厳格に遺産分割の対象にされますが、個人保険などは対象にしないケースが多いようです。仮に対象となっても、掛け金より解約金が少ないケースが多いので、ある意味分割の部分は少なくなります。

　また、妻に年金分割により、厚生年金が減額になってくるわけですから、妻も夫の個人の年金までよこせとは言ってこないのではないでしょうか。

　図表33と34に40歳のときと50歳のときの、個人年金も

【図表34　年金の仕組み（50歳のケース）】

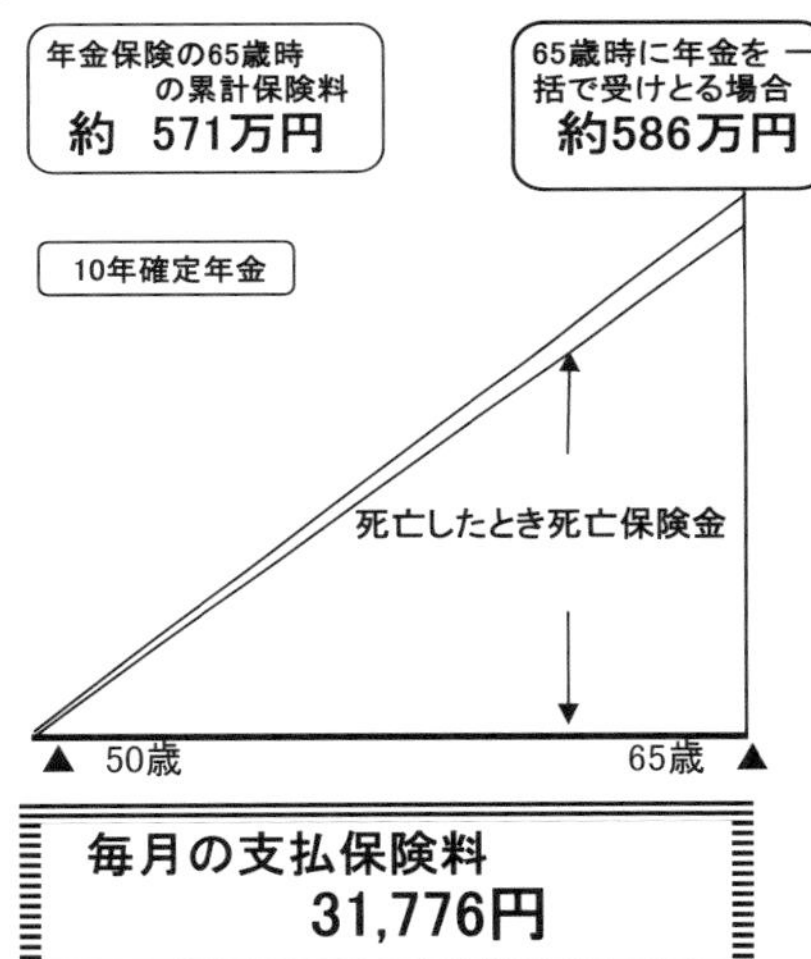

	5年	10年	13年
累計保険料	190.6	381.3	495.7
解約返戻金	175.1	374.7	499.6

（単位　万円）

まとめてみました。

この年金のシュミレーションのように40歳では１万８０２４円また50歳では３万１７７６円とそれほど高額の保険料でもありません。

一般的に私の保険会社の経験でも、夫は２０００万円とか３０００万円の保障型の保険に加入しており、一般家庭のご主人で個人年金保険に加入しているケースは少ないのではないでしょうか。

私の社会保険労務士・ＦＰの立場から申し上げると会社で厚生年金に加入していれば、３０００万円も生命保険に加入していれば十分です。厚生年金の老齢・死亡・障害の仕組みは生命保険以上に素晴らしいものがあります。

個人年金は先程は離婚分割による消えた年金のために検討されたらどうかとお話しましたが、離婚しなくても、ご夫婦の老後対策になりますし、資金的に大変なときは貸付とかの活用も可能です。

2　離婚を考えないとしても、厚生年金だけでは老後は厳しい

夫婦でゆとりある年金が受給できるご夫婦は少なくなってきている

日本の老齢年金の令和元年度の平均は、老齢厚生年金（国民年金を含む）約14万6１６２円、老齢基礎年金約５万６０４９円のようです。

この水準ですと、夫婦でゆとりある年金が受給できるご夫婦は少なくなってきていますので、このような公的年金の状況を考えていくと、個人年金の選択は十分検討する価値はあります。

とくに、厚生年金に加入していないケースが多い個人事業主夫婦では、ご夫婦で老齢基礎年金が月額で11万円ほどといったケースもあるのではないでしょうか。

２人の生活費だけでも約15万円かかってくる

人事院の統計資料をみても、二人の生活費だけで約15万円かかってきます。参考資料をみていき

【図表35　費用別、世帯人員別標準生計費(平成30年4月)】

(単位：円)

費目＼世帯人員	1人	2人	3人	4人	5人
食料費	25,490	40,770	50,640	60,510	70,380
住居関係費	47,720	52,300	47,030	41,750	36,480
被服・履物費	2,580	9,010	10,350	11,690	13,020
雑費Ⅰ	32,860	29,680	55,050	80,430	105,800
雑費Ⅱ	8,280	18,930	23,450	27,970	32,480
計	116,930	150,690	186,520	222,350	258,160

ましょう。

この資料の中で世帯人員一人の箇所に注目してください。熟年離婚で一人になったときの生活費が月額約12万円かかってくるということです。また二人では倍の24万円にはならないという現実です。図表35からもご夫婦で生活するほうが経済的にもいいということです。

図表35をじっくりみれば、前述した、民間の個人年金に加入することが、いかに重要な選択の1つであるかわかってきます。

離婚後年金月額約15万円の方が分割後3万円減額されて約12万円ということになれば、まったく老後は蓄えがなければ大変厳しい生活になってきます。

団塊世代

ほとんどつぶしが利かず、働こうにも厳しい現実が多い

別れた妻も同じだということですが、妻のケースでは子供さんと同居したり、パートなどで、高齢になっても意外と働ける職場があります。

ただし、夫の場合、とくにモーレツサラリーマンで大手企業に勤務していた方などは、ほとんどつぶしが利かず、働こうにも厳しい現実が多いような気がします。

私の住んでいる町内にも高齢の年配男性で、近所の誰とも付き合いがなく、朝からテレビしか楽しみがないような、元バリバリサラリーマンが最近本当に多くなってきています。

これも団塊世代はとにかく定年まで勤め上げることが人生の目的のように、教育されており、定年後のことに対してほとんど考えてこなかった日本社会の傾向も原因の1つです。

3 家、預貯金などの結婚後の財産は原則半分分け

離婚とは本当にあなたの人生でつくり上げてきたものが、半分失われてしまう

やむなく離婚ということであれば、結婚後夫婦で築いたマイホームとか預貯金などの財産は原則半分ずつに分けることが原則になります。本書は、いかに相手から財産を多く分けてもらうとか、いかに子供の親権を獲得するとか、そのようなことが目的の本ではありませんので、詳細については、関係の本を参考にしてください。

基本的には夫婦で築きあげた財産は、妻が専業主婦であったとしても、前述したように家事労働という大変な役割をになってきたわけですので、この財産の原則半分分けは仕方のないことです。

このように考えると、離婚とは本当にあなたの人生でつくり上げてきたものが、半分失われてしまうわけです。

どんなに会社で出世しても、また、商売で大成功してもこの離婚の寂しさにはなかなか追いつかないのではないかと思います。

4　民間の生命保険を活用した年金はどうなる（三村式年金選択加入方式）

民間の生命保険などを有効に活用した、厚生年金の有利な受給の方法

次に、民間の生命保険などを有効に活用した、厚生年金の有利な受給の方法について考えてみます。

この考え方を三村式年金選択加入方式と命名してみました。

これはどういうことかというと、簡単にいえば、老齢厚生年金、老齢基礎年金を65歳に受給しないで、68歳とか70歳で受給するといった考え方です。

年金を繰り下げ支給したときの年金受給額のシュミレーションをしましたが、65歳で年金受給月額10万円であれば70歳の5年繰り下げ受給を選択すれば、年金月額14万2千円になるとのことでした。

【図表36　65歳支給の年金繰り下げ支給を申請したとき】

≪65歳支給時年金月額20万円のケース≫　(単位　円)

支給開始年齢	月額	年額	5年合計	増加年金額	年間増加額	年利
65歳	200,000	2,400,000	12,000,000	0	0	0%
66歳	216,800	2,601,600	13,008,000	1,008,000	201600	1.7%
67歳	233,600	2,803,200	14,016,000	2,016,000	403,200	3.3%
68歳	250,400	3,004,800	15,024,000	3,024,000	604,800	5.0%
69歳	267,200	3,206,400	16,032,000	4,032,000	806,400	6.7%
70歳	284,000	3,408,000	17,040,000	5,040,000	1,008,000	8.4%

繰り下げのシュミレーション

そこで、ここでは日本人の令和元年の公的年金の受給額の平均である老齢厚生年金月額約14万6１6２円と老齢基礎年金の月額約５万６０４９円の合計20万２２１１円分、わかりやすくするため月額20万円として、繰り下げのシュミレーションをしてみます。

図表36をみていただければ、70歳からの繰り下げで５年間で約５００万円、68歳繰り下げで5年間で約３００万円、年金が増加します。１年繰り下げでも５年間で約１００万円が増加します。

現在の日本の低金利の時代にこれだけの内容の金融商品があるでしょうか。金融商品と比較するのも可笑しいかもしれませんが、それほどこの繰り下げ支給はすごい内容なのです。

年金を繰り上げてもらうことはよく話題になりますが、繰り下げる方は実務的にも少なく、あまり話題にのぼることがありませんでした。しかしながら、熟年離婚で年金が失われてしまう夫にとっては、大変な問題です。ましてや、元妻が浮気でもして、男と再婚などしていれば、その失われた年金に対する思いは恨みにも似た思いがあるのです。

　このような失われた年金を取り戻したいと考えるのであれば、この繰り下げの選択もあります。毎月2万円ほど減額された男性であれば、約1年間年金の申請を我慢すればいいのです。減額が5万円であれば3年間我慢すればいいのです。納得できるお話ではないでしょうか。

どうしてブランクの期間生活すればいいのか

　ここで問題になるのが、それではどうしてブランクの期間の生活をすればいいのかです。

　資産家でお金持ちであれば、どうにでもなるお話ですが、一般的なサラリーマンにおいては、1年・3年と年金をもらわないで生活していくのはなかなか至難の業ではないかと思います。

　ここで、俄然注目をあびてくる対策が先ほども説明した、年金保険の活用になります。

　さきほどの年金のシュミレーションを見てみますと、図表37のようになります。

　図表37の毎年60万円の年金月額でありますが、この10年確定年金を5年で受け取れば、月額5万円でなく10万円で受給できます。

　年金月額20万円が必要であれば、30歳の保険料1万２１０８円の2倍の2万４２１６円の保険料の支払いで可能となります。

　この年金の加入の選択で老齢年金を5年繰り下げて受給すれば、なんと5年間の５００万円と個

【図表37　年金保険の仕組み（30歳のケース）】

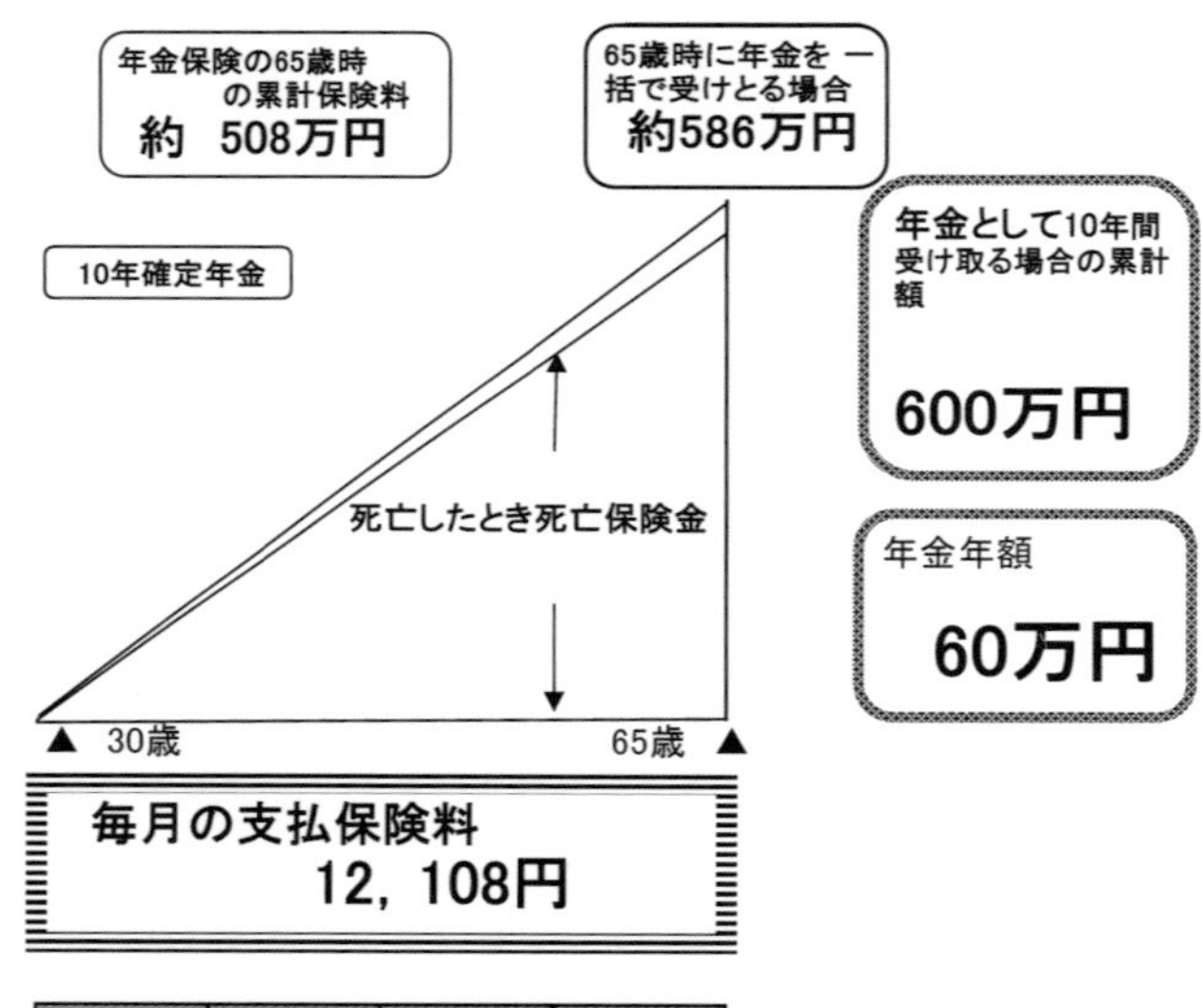

	5年	10年	20年
累計保険料	72.6	145.2	290.5
解約返戻金	60.3	135.5	294.4

（単位　万円）

人年金保険の掛金に対する受給差額が約１８０万円ありますので、トータル約６８０万円のプラスの受取りとなります。

このことは、単に離婚分割の夫の対応に留まらず、資産家の方など、ＦＰの視点でも大変意義のある取組みの１つになります。

保険の加入のやり方を三村式年金選択加入方式として考える

本書を書くまではここまで気が付きませんでした。

なので、この保険の加入の

【図表38 （三村式年金選択加入方式）70歳年金開始選択のとき】

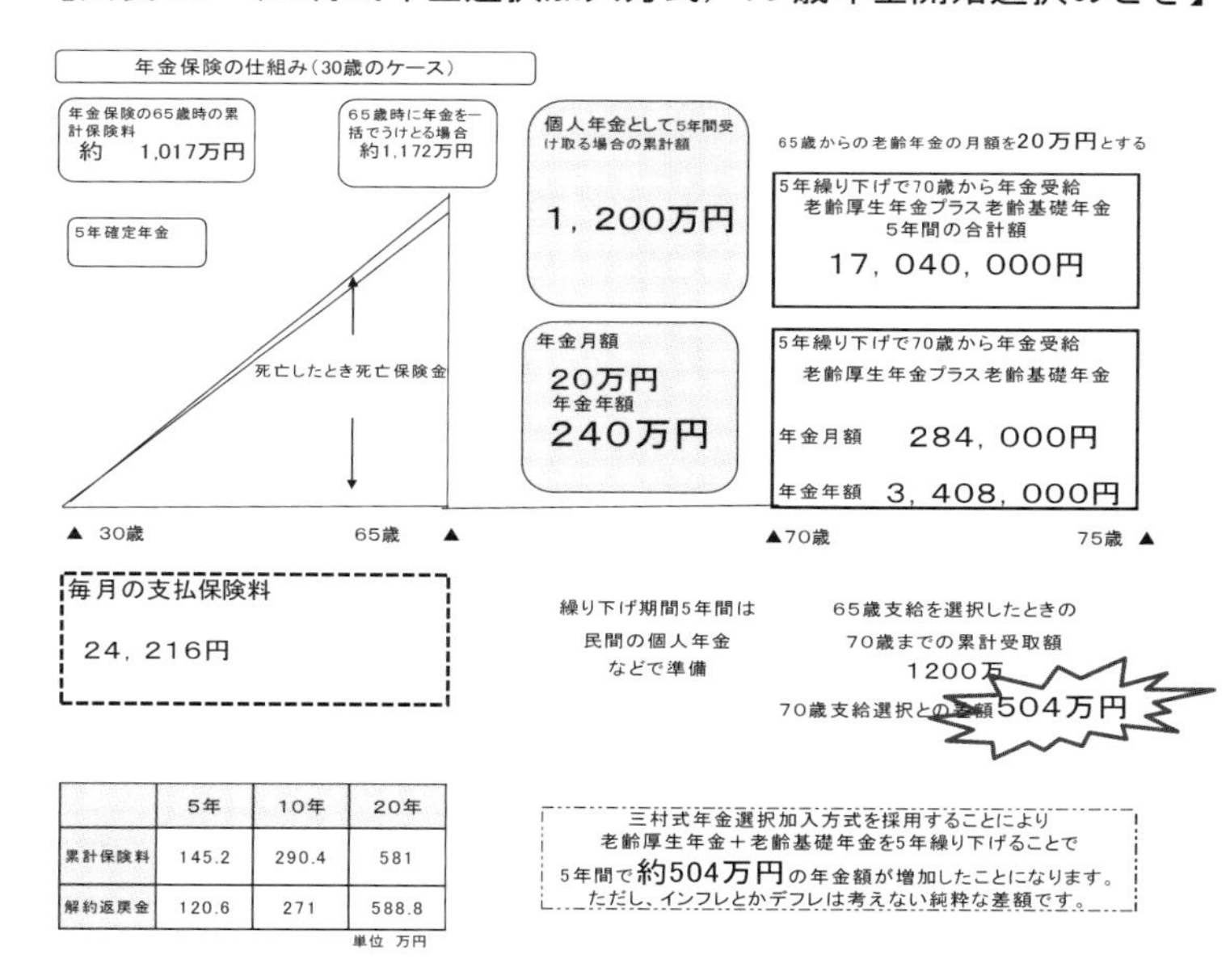

	5年	10年	20年
累計保険料	145.2	290.4	581
解約返戻金	120.6	271	588.8

単位　万円

やり方を三村式年金選択加入方式として考えました。

この制度をまとめると、図表38のようなイメージになります。

いかに老齢年金の支給繰り下げは効果が大きいかが理解できる

【図表38・39】を参考にしていただければ、いかに老齢年金の支給繰り下げは効果が大きいかがご理解いただいたのではないでしょうか。

まさに、人生の死というものを担保にしたある意味確実な金融商品に運用した以上の投資ではなかったかと思います。

もちろん年金ですから、投資などと一緒にするなどのお声も聞こえて

【図表39　三村式年金選択加入方式・68歳年金開始選択のとき】

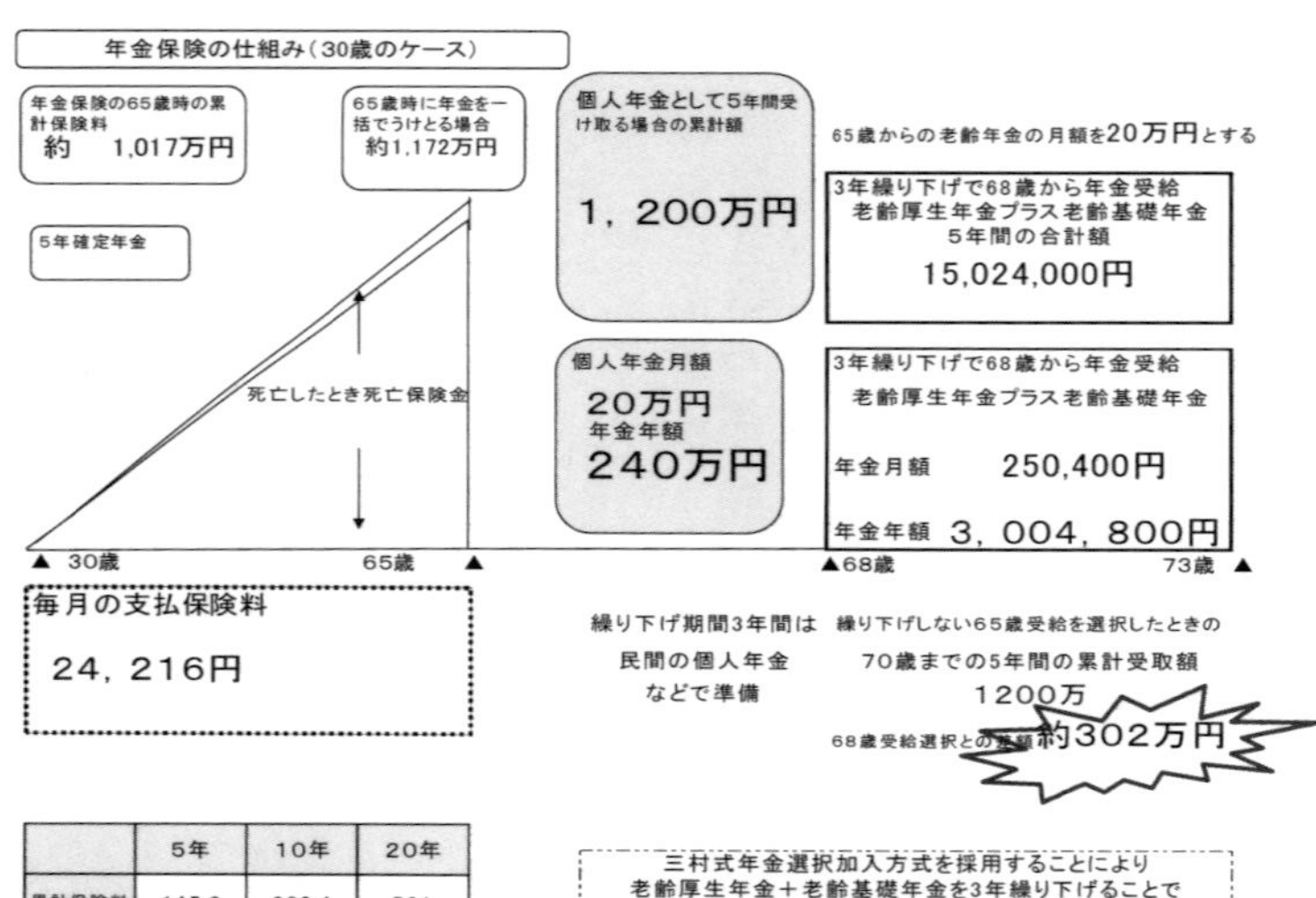

	5年	10年	20年
累計保険料	145.2	290.4	581
解約返戻金	120.6	271	588.8

単位　万円

三村式年金選択加入方式を採用することにより
老齢厚生年金＋老齢基礎年金を3年繰り下げることで
5年間で約302万円の年金額が増加したことになります。
ただし、インフレとかデフレは考えない純粋な差額です。

きそうですが、資金的に余裕がある熟年男性であれば、検討する価値は十分あります。

新型コロナの影響により、２０２１年に東京オリンピックが延期実施されました。私もちょうど今年で67歳を迎えます。くしくもこの前後が今回提案の三村式年金選択加入方式の選択の年になりました。

私は生涯現役で１００歳人生設計を考えていますので、自分で考案した三村式年金選択加入方式に是非取り組んでみます。１００歳まで生きると年間約１００万円年金が増加しますから、１００歳までに約３０００万円年金をプラスさせることができます。

なんとこの年金の繰り下げ制度は素晴らしいのでしょうか。

これまで、年金関係の本でここまで、繰り下げ制度にこだわった本はなかったかと思います。また、われわれ社会保険労務士のような実務家でさえほとんど真剣に考えなかった制度です。

本書でとりあげた個人年金のデータはある保険会社のデータであり、会社ごとに詳細な内容は相違してくることに留意してください。

１つ実務的に年金の繰り下げ申請で注意していただきたいことは、男性であれば昭和36年４月１日以前の生まれの方は、すでに60歳前半の在職老齢年金を受給しています。繰り下げ申請は65歳のときに、年金事務所から年金を繰り下げ支給を希望するかしないかの年金請求書が送付されてきますので、繰り下げ希望であればその旨記載して、年金事務所に返送すればＯＫです。一度繰り下げ請求してもやはり、もらいたいということであれば変更もできますので、ご安心ください。

また、会社役員などで65歳以上になっても高額の役員報酬を受給していくようなケースでは、老齢厚生年金と給与の合計が47万円（令和４年３月現在）を超えるようですと年金の一部支給停止がありますので、年金と役員報酬の月額が47万円を超えるような方は、繰り下げる前に年金事務所に相談されることをお勧めします。

ただし、この65歳以上の年金の併給調整には老齢基礎年金は対象外ですのでご留意ください。

厚生年金の平均受給額である厚生年金約15万円・老齢基礎年金約５万円の受給の方であればこの厚生年金の15万円と役員報酬(標準報酬)の合計が47万円超えなければ､支給停止はありませんので、役員報酬32万９９９９円までででしたら、年金の支給停止はありません。役員報酬が33万円になると標準報酬が34万円になり、いくらか支給停止になってしまいます。この制度は、役員として会社から報酬を受給している限り、この47万円を超えると支給停止が該当してきます。

　これに対して、令和４年３月現在60歳から65歳までに役員報酬や賃金などをもらって、社会保険適用事務所で働いているときは役員報酬（標準報酬）と厚生年金の月額の合計が上限の28万円を超えなければ年金の支給停止はありません。

　このように、60歳から65歳までと65歳から70歳まででは年金の支給停止の仕組みが違ってきていました。但し令和４年４月からは60歳から65歳までの上限28万円は65歳以後と同じ47万円に変更になりました。さらに、70歳以上の方も、適用事務所から常勤の役員として報酬を受けている限り、厚生年金の被保険者ではありませんが、70歳以降も65歳から70歳までの金金の支給停止の仕組みが適用されています。ですから、70歳以降も高額の報酬をもらい続けると報酬の額によっては、年金の支給停止の適用を受け続けることになります。したがって、70歳になられたら非常勤の役員になるか、役員を退任すれば、社会保険の加入義務者でなくなりますので、年金の報酬との調整もなくなります。そして、年金の支給停止は生涯かかってこないということです。この厚生年金の報酬は会社からの報酬であって、株式の売買益とか不動産収入のような収入はこの年金の調整には該当しないのでご留意ください。

　このような厚生年金の有利な制度を活用するためにも、熟年のうちに個人年金に加入して、三村式年金加入方式を採用することは、大変価値のあることです。

8章　離婚しないための夫たちの日常の心がけ

1　妻を家政婦のように扱っていないか

私は家政婦ではありません

次に、夫たちの日常で、離婚の危機にいたらない、病院でいえば予防対策について考えてみます。私の離婚協議書の作成相談などの経験等を通して一番よくお聞きするクレームは「私は家政婦ではありません」という妻の言葉です。これは現在のコロナ禍において、テレワーク化により益々この意識は高まっています。団塊世代や熟年夫には身につまされる言葉のはずです。

妻から「私は家政婦ではありません」といわれた夫側としたら、「何を言っている、俺が寝食を惜しんで働いているからお前らは食べていけるのではないか。何を贅沢言っているのか」と反駁します。このような夫側からの反論が目に見えています。このように反論される夫で妻の家事を手伝われている方はどれくらいいらっしゃるでしょうか。俺は手伝っていると言える方はこのいわゆる熟年離婚・コロナ離婚にはいたらないのではないかと思います。離婚にもいろいろなケースがあります。浮気・パートナーの悪意の遺棄・強度の精神病・ＤＶ・など様々な要素が考えられます。

熟年離婚ってなに

熟年離婚は、それらとは内容を異にするものであり、永い結婚生活の日々の中で、蓄積されてきたものであり、一般的に裁判で認められる離婚要件とは趣をことにするものだ思っています。日常で蓄積されてきたものが、夫のちっとした浮気が原因で爆発していくといったケースもあります。

前述したとおり、浮気で夫はほとんど妻に謝りますが、妻はほとんどあやまりません。本気なのです。このように男性と女性は基本的に考え方が違うということを認識していただきたいのです。

ここで、もう一度先ほどの妻の家政婦のことについて考えてみます。

子育てや日々の食事の家事は、個人的に相違はありますが、年中無休であり、休みなく継続していきます。ましてや、姑がいたならば、それは倍増してくるでしょう。

世界的にみても、女性の社会進出も多くなってきており、女性だから家事が仕事であるという認識の時代ではなくなってきています。現に最近の若い男性には、子育てを妻の代わりに積極的にやられているようなケースも散見されるようになってきました。このような時代の流れも、この熟年離婚・コロナ離婚の要因の１つになってきているのではないでしょうか。

妻は家事だけやってくれればいいというような考えを改める

もし、あなたが妻は家事だけやってくれればいいというような考えであれば、考えを改めていかなければなりません。

妻は家政婦ではないのです。家族なのです。夫に愛されたいのです。

これは、お金では買えないものなのかもしれません。ですから、あんな立派なご主人なのに何故離婚するのか、疑問に思うことがあります。一概にはいえないと思いますが、心のすれ違いが離婚状態の始まりです。

私は心が一番大事なのかもしれないと、いろいろな経験をとおして強く感じています。

家政婦ではありませんに対する対応は、夫が妻の家事を少しでも手伝ってみることです。

「おい、お茶・ご飯・風呂」ではなかなか難しい時代になってきたのです。

2　定年後は余生だと思っていないか

定年後まもなく離婚に至るといったケースも散見される

近年定年と同時にまもなく離婚に至るといったケースも散見されるようになってきました。夫からみれば、定年までとにかくがむしゃらに家族のために働いてきたのだから、定年後はシッカリ休ませてくれと言いたいのです。その気持ちは十分理解できます。

とくに団塊の世代や熟年のサラリーマンは今日の日本経済を支えてきた自負もあります。

また、戦後の風潮として、一流会社に勤務してとにかく定年まで勤めあげることが、社会的な成功であり、美徳であるとされてきました。なので、日本の多くのサラリーマンは定年後なにも考えていないので、定年と同時に活力がなくなってしまっている男性がいかに多いかです。年金受給日の偶数付の15日のパチンコ屋さんは、年配の方々で満員のようです。

妻の立場で考えてみる

これを妻の立場で考えてみます。これまでは夕食の準備だけしておく毎日でしたが、夫が定年後は、朝・昼・晩と食事の時間が増加して、いままでお昼は自由だった時間が、夫がいることにより自由がなくなってきます。

まして、夫と会話が普段からなければ、妻のストレスはピークに達してきます。まさに夫の定年は妻にとっては家事労働が増加して、しかも年金収入で収入が減少するというダブルパンチになってくるわけです。定年で一般的には世の夫は、苦労かけた妻孝行のため、海外旅行につれていくとかよくお話をお聞きしますが、妻のほうではそのようには考えていないということです。

こまめな夫であれば、家事などを妻に代わってやってあげることがあるかと思いますが、大半の団塊の世代や熟年男性では、サラリーマン時代と変わらない生活が継続していきます。

定年が、高年齢者雇用安定法の改正で本人が希望すれば65歳、以後70歳まで働くことが事業主に努力義務が令和３年４月１日からかせられましたが65歳以後も働くことが一般的になりつつあります。かりに65歳定年で終わっても、平均寿命の81歳まで16年間残っています。定年はご夫婦にとっては、新しい結婚のスタートです。現役時代は、夫は日中は勤務しており、もっぱら家庭を妻が守る、しかも現役ですから収入もある程度保障された生活でした。

定年後夫婦としての本当の関係をつくり上げていく人生の第二の結婚のスタート

しかしながら、定年後というのは、体力的にも無理ができず、収入も年金が主たる収入源となってきます。

しかも子供たちも独立しており、ある意味、人生で一番夫婦としてのあり方や、お互いを思いやる、助け合わなければならない一番人生で大事な時期です。

この時期は夫婦としての本当の関係をつくり上げていく人生の第二の結婚のスタートではないでしょうか。

3　夫は外で働き、妻は家を守るものだと思っていないか

夫が子供さんを引き取るようなケースも散見される

次に、労働について考えてみます。

日本では、まだまだ夫は外で働き妻は家を守るものだといわれてきました。はたしてこれはどのように考えるべきでしょうか。近年は女性の社会進出も多くなってきており、若い夫婦ではご主人が子育てをしているといったケースもでてきています。

以前は離婚すると、小さい子供は妻が連れていくといったケースがほとんどでしたが、最近の傾向では夫が子供さんをひきとるようなケースも散見されるようになってきました。私の住んでいる

町内でも、よくあるケースになってきています。

よく考えてみれば、日本の法律のどこにも子供は母親が面倒をみなければならないとは記載されていません。子供は夫婦でみるとなっています。

時代は、男は外で働き女は家を守るという考えは薄らいでいる

離婚後これまでは、母子家庭であれば、母子手当などの補助金もありましたが、父子家庭にも補助金など対象になってきました。国民年金も死亡したときは、子供のいる母親しか、遺族年金が支給されませんでしたが、子供のいる父親のときでも遺族年金が支給対象になってきました。

これらの動向をみても、これからの時代は、男は外で働き女は家を守るという考えも必要ですが、時代はその考えは薄らいできています。

したがって、このような考えを理解しないと、これからの時代はやがて熟年離婚・コロナ離婚ということになってきやすいのではないかと思います。

4　結婚記念日・誕生日に祝っているか

あなたは妻との結婚記念日をはっきり覚えていますか

次に、日常の夫婦の一コマを考えてみます。

あなたは妻との結婚記念日をはっきり覚えていますか。また、誕生日に妻にプレゼントなどしていますか。

この質問のいずれも「していない」との答えであれば、あなたはいずれ妻に捨てられる可能性は十分高いと思います。

男性の感覚ではあまり、重要なことではない感じがしますが、女性はこのようなことは、いつまでも忘れないのです。

あなたからしてもらったことは覚えているものです。私も、妻が私の言ったことを、本当に覚えているのにはビックリです。自分ではスッカリ忘れたことでも女性は昨日のように鮮明に記憶に残るようです。ここにも女性と男性が全く違った生命体に感じることがあります。

1歳ぐらいの赤ちゃんをみればわかります。1・2歳での女の子のよくおしゃべりをすること、まさに大人顔負けのときがよくあります。とにかくマセています。

ところが男の子はどうでしょうか。まるでかわいいものです。

女性と男性とは、まったく相違している

このように、女性と男性とは、感性がまったく相違しているのではないでしょうか。

ましてや、われわれ男性は女性の心の中までは、なかなか理解できないものです。なかなか理解できないからこそ、結婚記念日とか誕生日などは極力プレゼントなどすることが、重要ではないで

しょうか。

余談ですが、私が日本生命で拠点長などをやっているとき、心がけたのは、職員の誕生日にお祝いをするとか、とにかく声掛けで相手をほめることに心がけたものです。

ほめるというのは、人間関係で魔法の言葉ではないかと思います。

ほめられて喜ばない人はいないのです。明らかにお世辞とわかっていても人間うれしくなるものです。

女性であれば「綺麗ですね」とか「素敵ですね」とか言われて喜ばない女性はいないのです。

男性と女性の違いで思うのは、初対面です。女性同士では、学歴とかキャリアは関係なく、見た目が自分より美人かどうかで私は勝った負けたと判断するようです。ですから、女性はブランドにはまるのです。

男性同士ですと、学歴とかキャリアとか仕事の内容で、相手に勝った負けたを判断するようですが、女性同士は、見た目が勝負のようです。

また、男性が女性をみる視点というのも、女性の学歴とかキャリアとか関係がなく、男性は、第一印象は女でみているようです。

以上いろいろ述べてきましたが、女性と男性は感性が全く違うということを十分理解していただくべきだと思います。

5　女性はいくつになっても恋したいと思っている

80歳の女性をめぐり、79歳の男性と72歳の男性が取り合っている

次に、女性はいくつになっても恋をしたいと思っているということについて考えてみます。

老人ホームの関係者からこんなお話を聞いたことがあります。80歳の女性をめぐり、79歳の男性と72歳の男性が取り合っているという話です。

年配の方の恋愛ですから、どうのこうのいう権利はありませんが、年をとっても、恋愛の感情は衰えないということです。私の知人の86歳のお母さんが一番ほしいものはとの回答として、若い彼氏が欲しいといっているとのお話をお聞きして、年をとれば恋愛感情は落ち着いていくのかと思いましたが、そんなことはないようです。

自分の奥さんは絶対に浮気などしないと思わないこと

家庭の主婦がパートに出かけ、一番不倫の関係になるのが多いのが、子供が中学生・高校生ぐらいになって、子育てが一段落したときのようです。たしかに、いろいろの離婚のケースをお聞きするとそうかなと思います。

家庭の主婦は、パートなどで一歩家を出たときに女性になるのではないでしょうか。

私も、通勤の途中にビジネスモードに気持ちが入れ替わりますが、妻のケースでは女性に変化するのだと思います。

このような視点に立って言えることは、自分の妻は絶対に浮気などしないと思わないことです。

意外と外目には家庭の奥様といった方が不倫しているケースが多いような気がします。

逆に見た目派手な女性は、不倫にはしることは少ないようです。よくある話で、職場でも近所でもあの奥さんが浮気をしたなんて信じられないといったお話です。

繰り返しますが、ここで熟年男性に言いたいのは、自分の妻は大丈夫絶対に浮気などしないと思わないことです。

主婦が浮気にはしると、確実に熟年離婚へと拡大していきます。しかも浮気は相手の証拠をつかむことは極めて難しいとの認識で考えるべきです。

このような、浮気をされて、熟年離婚されて、財産を半分にされて、年金も分割されてでは男として立つ瀬がないのです。自分の懸命に働いた年金の権利が、浮気の男との生活費に活用されると思うと、いたたまれない気持ちになります。

熟年の男性の皆さん、想像してみてください。

あなたの妻が知らない男と仲良くしていることに耐えられますか。

耐えられる方は、熟年離婚でもダメージは少ない方かと思います。浮気などしていない真面目な男性であれば、絶対に許されないことです。

浮気の行きつくところは、4、5年ほどでまた別れる傾向が高い

いろんな人の浮気の行きつくところは、4、5年ほどでまた別れる傾向が高いということです。浮気でお互いが燃えるのは4、5年が限度のようです。ですから4、5年の経過とともに離婚して再婚してもまた別れていくといったケースが多いようです。

一部の芸能人で浮気は文化であると言っている方がいますが、まったく良識を疑います。妻が浮気をして、それが原因で熟年離婚にいたり、家族のためと命がけで働いてきた夫を結果的に裏切ることになるわけです。

夫の孤独な人生という他人の不幸のうえに自分の幸福を求めては絶対にいけないことであり、人間として許されないことです。

もし、好きな人ができたなら、正直に話合い、別れてからにするべきです。

6　妻の話はしっかり聞いてあげる

優秀な営業マンというのは昔から、お話の聞き上手が多い

次に、基本的なことかもしれませんが、妻の話はシッカリ聞いてあげるということについて考えてみます。

優秀な営業マンというのは昔から、お話の聞き上手が多いといわれています。私が勤めていた新

宿支店の30年ほど前に、日本で数本の指に入る営業マンが二人いました。毎月の給料は当時で数百万円の方でしたが、見かけは派手さもなく、ごく普通の家庭の奥さんといった感じでした。

同行させていただいたこともありましたが、本当に相手の話を上手に聞き出しているのにはいつも感心したものです。こちらからの依頼は最後の一言二言で終わるといった感じです。これで、相手は毎月10万円とか20万円の保険料を支払ってくれるわけです。

凄いものだと、若い頃本当に勉強させていただきました。感動でした。さすが日本一のセールスウーマンだと思ったものです。

この原理はどこでも同じです。とにかく相手の話を聞くことが、ビジネスでも、一般の人間関係でもうまくいく基本ではないでしょうか。


妻から何か相談ごとがあったら、面倒がらずにお話を聞いてあげる

日常生活の中で妻から何か相談ごとがあったら、面倒がらずに　お話を聞いてあげることが大変重要なことです。

さきほども言いましたが、女性は徐々に積もり積もっていく傾向があります。

あなたが、忙しいということで、妻のお話を聞かずにいると、やがてあなたに相談しなくなってきます。それはやがて、心のすれ違いをおこし、離婚状態に陥ってしまうことになってきます。

いわば熟年離婚・コロナ離婚予備軍です。

現在の日本の熟年予備軍は、団塊の世代や熟年では3組に1組は離婚予備軍ではないかと思います。10年以内に結婚の3組に1組は離婚していく時代です。

この章では、日常の奥様との関係について述べました。中には俺は全部言われなくてもやっているよという方もおられるでしょう。または、俺は全く0点だと思われた方も多いでしょう。

このようなことが日常されていなければ、必ず離婚につながるかと言えば、そのようなことはないのです。おそらくこのような日常の妻との関係でされていなくても、実際に離婚まで踏み込むケースはまだまだ少ないのです。妻の中には、愛情はないが、生活や子供のためと諦めて、離婚を踏みとどまっているケースは現在の日本では相当あるのではないかと思います。

しかし、熟年女性でも自立する女性が年々増加傾向にあることは確かなのです。あなたの周りにも、熟年離婚経験者が何人かいると思います。

本書で紹介した取組みを考えると、男性の方には「お前は男か」と言いたくなる男性も結構おられると思います。あなたはどのように思われましたか。

一番重要なことは、一番大切な奥様がどのように思っているかではないでしょうか？

愛する夫に尽くしたいというケースもあれば、極端な言い方をすれば、妻はあなたが早く死ねばいいのになんて思っているかもしれないということです。本書の何か1つでも取り組んでいただければ、きっと夫婦関係は改善していくのではないかと思っています。本書が、あなたの家庭が離婚予備軍の家庭にならないための1つのきっかけになればと思います。

9章　万が一離婚しても夫が生きていくために身につけておくべきこと

1　あなたは自分でご飯や味噌汁がつくれるか

団塊の世代では全くできないといった男性が多い

次に、離婚予備軍にならないための事例を考えてみます。

ご自分でご飯・味噌汁がつくれますかという質問に対して、果たしてどれだけの男性ができるといえたでしょうか。ここでできるとこたえられた男性は、少ないはずです。

特に団塊の世代や熟年では全くできないといった男性が多いです。万が一離婚または妻が亡くなられたらどうしますか。ご飯もつくれないため、毎日毎日弁当生活では栄養のバランスも悪くなり、やがてからだを壊すことになるかもしれません。

まだまだ遅くはありません、奥様に料理のつくり方を教えてもらってください。なれたら、あなたが晩御飯とかつくって奥様に食べさせたらいかがでしょうか。

奥様とあなたの心が、通い合うキッカケになってくる

このような取り組みだけでも、奥様とあなたの心が、通い合うキッカケになってきます。昔から、人間関係を築くには同じ趣味をもつ、一緒に食事をする、運動をすることなどといわれています。

このようなことからも、あなたがご自分でご飯とか味噌汁とかおかずをつくるというのは、大変

有意義なことであり、奥様のことを理解するには最適なことかもしれません。

2　あなたは家の掃除・洗濯をときどきやっているか

成功の秘訣は毎朝の掃除にある

次に、家の掃除・洗濯をしているかということです。

このこともおそらく団塊の世代では妻任せになっていると思います。毎日の掃除・洗濯もなかなか大変です。

家というのは不思議なものです。住まないと本当に劣化が激しいのです。同じように掃除などもこまめにしないと、家も長持ちしないのです。

家の中がすっきりしていなければ、夫婦関係もうまくいかなくなってくると思います。よく、成功した会社の社長のビジネス本などに成功の秘訣は毎朝の掃除にあるなどと言っている経営者もいます。家庭でも同じ原理です。

お住まいのトイレ掃除は毎日されており、綺麗になっていますか

ちなみにあなたの現在お住まいのトイレ掃除は毎日されており、綺麗になっていますか。

もし、なっていなければ、明日からでも掃除にチャレンジしてみてください。奥様も喜ぶでしょう

し、物を大事に使うようになってくるのではないかと思います。毎日の掃除は侮ることなかれです。あなたの家庭の流れを変えていくことになってくると思います。とにかくトイレはピカピカになるくらい挑戦してみてはいかがでしょうか。

3　奥様と一緒に買い物にいく

熟年の社長さんで結婚して一度も、近所のスーパーに奥様と買い物にいったことがない

次に、奥様との日常生活でも買い物について考えてみます。

奥様と日常品の買い物はたまにいかれますか。こんなお話をお聞きしました。

熟年の社長さんで結婚して一度も、近所のスーパーに奥様と買い物にいったことがないとのことでした。まさに、本書で紹介している典型的な熟年のケースです。このような男性まだ結構いらっしゃるようです。

もし、このような男性で奥様が病気か万が一の熟年離婚にでもなったらどうするのでしょうか。おそらくスーパーに買い物に行ったことがないような方ですので、ご飯も味噌汁も掃除洗濯も何もしたことがないでしょう。

この男性がもし一人になれば、それは寂しい老後になってきます。しかも毎日の生活がとにかく大変です。

経済状況をもっと身近に感じることができる場所が妻との買い物で体験できる

もし本書を読んでいるあなたが、このようなケースの方でしたら、是非妻と買い物に行ってみてください。

野菜がいくらとか、お肉が１００グラムでいくらとか、今の日本の経済状況をもっと身近に感じることができる場所で妻との買い物が体験できます。

このような経験を積んで、やがて料理に興味を抱くようになってくるとか、いろいろな刺激がスーパーなどにはあります。是非一緒に買い物にいくことをお勧めします。

4　子供のしつけは妻任せにしない

運動会とか授業参観とか妻任せになっていませんか

次に、子供のしつけについて考えてみます。

子供のしつけと言われると、大半の男性は痛いものを感じます。大半が妻任せになっているからです。

運動会とか授業参観とか妻任せになっていませんか。

毎日の学校の宿題を見てやってますか。

この辺がシッカリできている男性は立派です。ほとんどの男性は妻任せで、夫は仕事仕事といいながら妻に押し付けているのが日本の家庭の大半の実態です。

このようなケースだから、離婚時には子供さんはそのほとんどが妻が引き取るという選択になってきてしまうのです。

また、熟年離婚にあっては、子供は妻になついており、夫になつかないので、晩年益々寂しい人生になってしまいます。


教育は妻に任せきりにしないで、日常からかかわっていくべき

したがって、将来のことも考えるならば、教育は妻に任せきりにしないで、日常からかかわっていくべきです。

離婚にいたらなくても子供と、日常的にかかわりをもつことが、子供の一番の教育につながっていくのです。

子供というのは、仲のいい夫婦で育っていけば、安定したやさしさをもった、親孝行な子供に育っていく可能性が一番高いのです。

教育は基本は学校ではなく、お父さんお母さんの姿をみて育ってきますので、夫婦が仲のよい家庭が一番の子供の教育現場なのです。

一番の悪い教育は夫婦喧嘩ではないかと思います。私も小学生のころ両親が喧嘩している姿をみると心が折れそうな気になったものです。喧嘩は一番の悪い教育だと思います。

5　町内会の行事は積極的に参加しておく

女性はさすが80歳・70歳でも元気に町内会の行事に参加

次に、町内会の行事について考えてみます。

妻が町内会の役員をしていたこともあり、町内会のお話をよく聞きます。女性はさすが80歳、70歳でも元気に町内会のカラオケ教室とか、卓球教室など元気に参加されるそうです。

そのほとんどが、実際の年齢より10歳ほど若くみえるほど元気な女性が多いとのことです。

ただし、男性となると元気な70歳、80歳の方は少なく、70歳でもよたよた歩きで、今にも倒れてしまうと思えるような方が多いとの話です。

定年退職や妻を亡くされた方、熟年離婚をされた方はほとんどが町内会に参加されない

最近の傾向として、定年退職した方や、妻を亡くされたとか、熟年離婚をされたとかいう方はそのほとんどが町内会に参加されるのでもなく、聞くところによると毎日朝から晩までテレビ漬けでテレビがその方の唯一の友達になっているような熟年男性が増加しているとのことでした。

また地域の元気な役員が町内会の行事に誘っても、付き合いができない、今まで会社人間で、近所の付き合いもなかったので、一回行事にきても会話ができないで、また自宅にこもってしまうとのことでした。

このような、現実をみると現役時代にあれだけ頑張って働いてきた団塊の世代の方のエネルギーはどこに消えて行ってしまったのかと疑問符を打ちたくなる気持ちです。

この章ではやむなく離婚したときに心がけておくことについてまとめてみました。これらのことは、離婚にいたらなくても心がける必要があるものです。

現在は、コンビニやスーパーがあり、お弁当なども安く買えるので、毎日の食事については、さほど苦にならないかもしれませんが、一番心配なのは栄養のバランスです。

熟年になって、食事のバランスがとれないということは、病気になる可能性がでてくるため心配です。病気になり看病をしてくる妻もいないというのは、男性にとっては大変厳しいことだと思います。

また、町内会などの付き合いもなければ、町内の情報も入ってこなくなり、益々孤独な人生を歩んでいかなければなりません。やはり、若い人などと近所付き合いをしながら、切磋琢磨していかなければ、定年後の離婚であれば、まさしく、孤独な人生の晩年をむかえなくならなければならなくなってしまいます。このような現実は、熟年男性なら誰でも可能性があり、自分のことだと真剣に考えていただきたいのです。

では、どうするべきかは、一人ひとりご自分の胸に手を当てていただければ回答が見えてくると思います。一度しかない人生、晩年こそ勝負です。今からでも遅くありません。

10章　これからは生涯現役・人生二毛作でいこう！

1　定年は人生の再スタートのとき

マズローの欲求5段階説

次に、離婚等に至らないための人生の生き方について考えてみます。

私は、人生を考えるうえで是非参考にしたいのがアメリカの有名な経済学者マズローの欲求5段階説についてです。

皆さんの人生を考えるうえで、大変参考になりますので紹介したいと思います。

すでにご存知の方もあると思われます。それほど、日本ではコンサルタントの場面で、よく活用されているものです。ポイントは誰にもわかりやすく、様々に活用しやすく、応用しやすい考えです。

熟年男性の皆さんが、定年を前に、今一度自分の目標方向を決めていく際には大変参考にしていただける学説だと思います、

人間の欲求は5段階

マズローが唱えた欲求5段階説では、図表40のように、人間の欲求は5段階のピラミッドのようになっていて、底辺から始まって、一段目の欲求が満たされると、一段階上の欲求を志すというものです。生理的欲求、安全の欲求、親和の欲求、承認の欲求、自己実現の欲求となります。

【図表40　マズローの欲求５段階説】

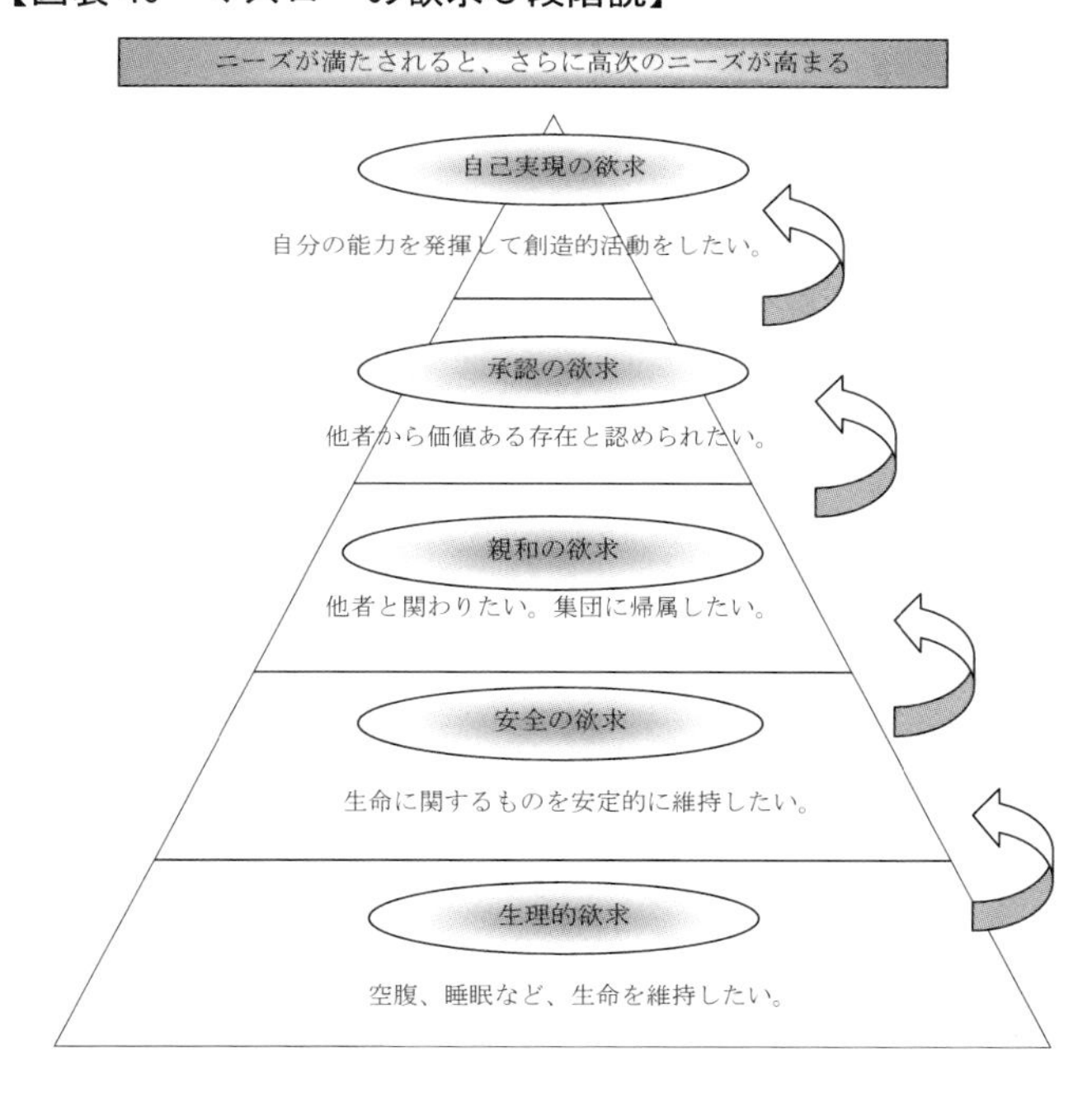
ニーズが満たされると、さらに高次のニーズが高まる
自己実現の欲求
自分の能力を発揮して創造的活動をしたい。
承認の欲求
他者から価値ある存在と認められたい。
親和の欲求
他者と関わりたい。集団に帰属したい。
安全の欲求
生命に関するものを安定的に維持したい。
生理的欲求
空腹、睡眠など、生命を維持したい。

まず、生理的欲求は、人間が生きる上での衣食住等の根源的な欲求です。サラリーマンという視点にたてば、失業していた人が、やっと就職できたという状況です。

したがって、この段階の人はとにかく賃金がいくらもらえるかというような労働条件が、一番重要な課題になります。

ですから、この段階の方のモチベーションアップには、賃金の多い少ないが最大の関心ごとになってきます。

その欲求がみたされると次の欲求である安全の欲求は、先輩従業員の方に早く一人前に認められたいと考えている状態で、給料は当社は世間並みの水準かどうかなど、賞与はどれくらいかなど気にしてくる段階です。

それも達成すると、次は親和の欲求であります。他人と関わりたい、他者と同じようにしたいなどの集団帰属の欲求です。

この段階の人はサラリーマンでいえば、入社3、4年目の従業員が該当してくると思います。この段階で、モチベーションアップには賃金だけでなく、仕事に権限や、達成感などを与えることが必要になってきます。

そしてその段階も達成すると、次の欲求は、承認の欲求といわれるもので、自分が集団から価値ある存在として認められ、尊敬されることを求めてくる、いわゆる認知欲求が起きてきます。サラリーマンでいえば、仕事もベテランになり、課長、部長といった地位に目覚めてくる段階です。ですから、この段階の従業員はお金よりむしろ役職がモチベーションアップに影響を与えるのです。

そして、この段階の欲求も達成すると人は、自己実現の欲求という、自分の能力・可能性を発揮し、創造的活動や自己の成長を図りたいという欲求に成長してきます。サラリーマンでいえば、自分に権限を与えてもらい、あるプロジェクトをやり上げるなどになります。

熟年男性のあなたは果たしてどの段階までできていますか

いかがでしょうか。熟年男性のあなたは果たしてどの段階までできていますか。

人生を考えるときは、このようなマズローの欲求5段階説を踏まえながら考えていくと、わかりやすいし、明確な目標を定めることができます。

具体的に人生を考えるとどうなるか

次にマズローの5段階欲求説で、具体的に人生を考えるとどうなるか考えてみます。

これは私の持論になりますが、5段階の生理的欲求の段階とは、子供さんでいえば学生のときです。とにかく生きていくための必要な最低限のことを学校で勉強していく時期であり、先ほど図をみればわかりますが、三角形の底辺のいわゆる人生の基礎を形づくる時期です。

次の2段階目が安全の欲求のステージです。

これは、ある会社に就職して、人生の安定方向性を求める時期です。自営の方であれば、商売を始めたときです。

3段階目の親和の欲求になると、会社でもある程度責任も持たされ、主任クラスになり、同僚とか、よその会社のこととか、気になってきている段階です。

次の4段階目の承認の欲求の段階になると、会社でも部長とか、取締役といったことで、従業員からある程度認知される状況になってくる段階です。サラリーマンであれば、この段階の延長戦にあるのが定年退職ということです。

熟年男性はこのステージで、今多くの方は頑張ってこられているのだと思います。

ただし、このステージまで頑張ってこれているのも奥様の支えがあったからこそです。

そして、5段階目が、自己実現の欲求の段階になってきます。私のみるところなかなか、この自己実現の欲求まで到達できる人は少ないようです。自己実現ということは、自分の人生目標を達成するということにもなってきます。

自己実現まで達成されていますか

もう既に、自己実現まで達成されていますか。

中には承認の欲求で、ストップしている方も多くいらっしゃるのでしょう。私が思うには、サラリーマンで、自己実現の欲求まで、達成できる方はまれであると思います。

サラリーマンで、自己実現までできた方は一握り方だけです。多くの方は、部長にもなれないで、定年を迎えられるのです。

そこで、私の提案したいことは、この自己実現の5段階は、サラリーマンの方であれば、定年後にその段階をチャレンジしたらいかがかということです。定年後は引退されるのではなく、人生の総仕上げではなく、あらたな出発のスタート時点に立ったと思って、人生の最高目標の自己実現にチャレンジするのです。

そして大事なことは、妻を大事にしていたわっていかないと、これからの自己実現はなかなか達成できないものになってくるということです。この段階で、妻からみ下り半で、一人になればこれほど厳しい寂しい人生はないのです。

人生の最高の健康法

また、私は、以前から生涯現役を標語してきました。これこそが、人生の最高の健康法であると思っています。

男性人生平均寿命81歳まで生きていくためには、定年と同時に自己実現のために、事業などなにか新しいことを開始するべきときではありませんか。私は人生は二毛作、自己実現の夢を忘れてはいけないのです。

マズローの5段階説が説いているように、いかなる人間も、最終的には、この自己実現を目指すべきです。何故自己実現を目指すのか、これは最終的には人は誰でも幸福を求めてやまないからです。

2　人生100年と思えば、60歳はこれから

日本のサラリーマンの多くは定年で人生が終わったのではないか

熟年男性は、40歳後半から60歳前後の方々です。年金のことに思いをめぐらすと、60歳定年でどのように平均寿命の81歳まで生きていくのかと考えさせられるものです。日本のサラリーマンの多

くは定年で人生が終わったのではないかと思ってしまいます。

なぜなら、ほとんどのサラリーマンは定年後のしっかりしたビジョンをもってどのように生きていくかといったことを真剣に考え、また、実際に定年後の人生のプランを描いている方が少ないのには驚かされます。そのほとんどが漠然としているといった感じです。

実にもったいないとしか言いようがありません。その点多くの自営の中小企業の社長は、定年など考えず70歳くらいまで現役で活躍されている方が結構おられます。ですから、いつまでも若々しく元気な方が多いのではないかと思います。

60歳定年で平均寿命の81歳までなんと約21年間も生きていかなければならない

60歳定年で平均寿命の81歳までなんと約21年間も生きていかなければならないのです。病気で1週間も入院していると体の大部分の筋力が低下してしまい、自分の力では歩けないくらい体力がなくなってしまうのが、人間の体です。

体でさえそうなのですから、人間の心も活発に活動しなければ、体と同じように、人間の気力もどんどんなくなってしまいます。

定年後2、3年してたまたまお会いするとあまりの変化に驚く

私もサラリーマン時代あれだけ、バリバリお仕事をされていたのに、定年後2・3年してたまた

まお会いするとあまりの変化に驚くことがあります。まるで廃人のような感じを抱くことがあります。また、先輩で60歳の定年後、数年で死亡したなどとお聞きすることがよくあります。

何故、やっと定年を迎え、年金で暮らせるようになったのに、廃人または、亡くなってしまう方が多いのでしょうか。

確かに、妻のほうからすれば、定年後夫が朝から晩まで家におり、ただテレビをみて、毎日、飯・お風呂・寝ると言われたら耐えられなくなってきます。我が家がストレスの塊になってしまいます。そのとき、妻にある程度資力と先の目途がたてば、それはやはり、熟年離婚にまっしぐらに突入していくのではないでしょうか。

余生の人生を有意義に生きていくとお話される方は甘い理想ではないでしょうか

ですから、よくあるお話で、定年後は趣味三昧とか妻と旅行三昧の生活をして、余生の人生を有意義に生きていくとお話される方が多くおられますが、それは甘い理想ではないでしょうか。

81歳までの最低でも約20年、生まれてから20歳までの20年間が残っているのです。

赤ちゃんとして生まれてからの20歳までは、素晴らしく成長を遂げています。20年、人によっては30年の時間があるのです。

人は年齢とともに時間の経過を早く感じるようです。逆にいうと、だから時間という誰にも平等に与えられた資源を大切に生きたいものです。

仕事または、仕事に匹敵することをやる

ちなみに江戸時代60歳過ぎて隠居などということができたでしょうか。人間以外の動物で、定年だからといって、のんびり過ごしている動物がいるでしょうか。否です。

毎日毎日が外敵との戦いで、毎日毎日が勝負の連続といって過言ではないかと思います。油断すれば、その他の動物に食べ殺されてしまうのです。これが、自然界です。

人間が動物のように、食うか食われるかで生きていくというのは、それはやはり、ビジネスで仕事をやり抜くことではないかと思います。

ですから、人生を81歳、１００歳まで生き抜いていこうと思うならば、やはり、仕事または仕事に匹敵することをやることになります。

人生生涯現役でなにかを求め、やり続けることが最も重要

定年で、のんびり暮らすという考えは、病気で寝たきりになるのを、自らの手でそのスピードを速めているのと変わらないことではないでしょうか。

このようなことを書くと、定年まで頑張って働いてきた、人間の気持ちをどう思っているのかとお叱りのお言葉をいただくことになるかもしれません。

以上いろいろ自説を述べてきましたが、人生生涯現役でなにかを求め、やり続けることが最も重要なことではないかと思います。

3　夫婦はマズローの欲求5段階説で人生を再設計しよう！

1段目の生理的欲求とは、定年後年金などで生活ができるというステージ

マズローの欲求5段階説を前述しましたが、この原理は、熟年のケースでは、ご夫婦で考えていくべきではないかと思います。

ご夫婦でマズローの欲求5段階を考えるのであれば、1段目の生理的欲求とは、定年後年金などで生活ができるというステージになります。

ですから、ご自分の定年後の年金などや妻の年金などを考えて、まず生活ができるかどうかということです。このベースができていなければ、ご夫婦は2段階目の安全の欲求にはランクアップしません。満たされない、生理的欲求不満に夫婦生活は悩まされ続けていきます。

2段階からの脱却は何か仕事をやり、収入をえること

この段階からの脱却はやはり、現役のように働けませんが、何か仕事をやり、収入をえることです。このように考えると、前章で紹介したような、民間の個人年金に加入するとか、資金的に余裕のある方であれば、厚生年金の繰り下げ支給で年金をさらり増額させて、とにかく生理的欲求が満たされるようにしていかなければなりません。

ここのステージをクリアして安全の欲求とか、親和の欲求とかに、ご夫婦のレベルはアップしていくわけです。社会と交わるなど、ご夫婦で町の町内会の活動に参加するとか、ボランティア活動などを積極的に推進するなどの取組みが必要です。

このような活動がご夫婦の安全の欲求・親和の欲求などへつながっていきます。

このようなステージもクリアしてきたならば、次の目標としてご夫婦で、町内会の役員を引き受けるなど、で、承認の欲求へとランクアップしていきます。

最終的な欲求として、自己実現の欲求という課題が残ってくる

最終的な欲求として、自己実現の欲求という課題が残ってくるわけです。

さて、定年後のご夫婦で自己実現を達成するとはなんと素晴らしいことではないでしょうか。

この段階までくると、もはや、二人の間には、離婚などという考えさえ思いもつかなくなってきます。なんと素晴らしいことでしょうか。60歳定年から21年間は、マズローの欲求5段仮説にのっとてチャレンジしてみてください。

夫婦のあり方について、いくつか人生の達人たちの名言を紹介

ここで、読者の皆さんに、夫婦のあり方について、いくつか人生の達人たちの名言を紹介します。

これらの名言は何回でも読んでいただきたいです（図表41）。

【図表41　人生の達人の名言】

その１　もし結婚生活が暗礁に乗り上げそうになったら、自分の伴侶の好ましい所と、夫や妻としての自分の至らない所を表にして比較してはどうか。あなたの人生の転機となるかも知れない。

デール・カーネギー（アメリカの実業家、作家）

その２　どちらも相手をとおして自分個人の目標をなにか達成しようとするような夫婦関係はうまくいく。例えば、妻が夫によって有名になろうとし、夫が妻をとおして愛されようとするような場合である。

ニーチェ「人間的な、あまりに人間的な」

その３　わたしのために夕食の支度をして待っていてくれる女性がどこかにいたら、私は才能のすべてを投げ捨てても悔いない。

ツルゲーネフ（ロシアの文豪）

その４　人生最大の幸福は、一家の和楽である。円満なる親子、兄弟、姉弟、友人の愛情に生きるより、切なるものはない。

野口英世

その５　王様であろうと、百姓であろうと、自己の家庭の平和を見いだす者が、いちばん幸福な人間である。

ゲーテ（ドイツの詩人、劇作家）

私は中でもその5、ゲーテの「自己の家庭の平和を見いだす者が、いちばん幸福な人間である」とのくだりは本当に人生を追求してきた鉄人のことばであると感じます。

世間をみていて、どんなに事業に成功して、お金持ちになっても、結局家庭がうまくいかなければ人生の自己実現幸福はおぼつかないということです。

アメリカの歌手マイケルジャクソンが死亡したのは有名なお話ですが、彼が、真の友達もなく、いつも孤独だったと語ったそうです。あれだけの名声と地位とお金を手に入れても、ゲーテのいう幸福は獲得できなかったのです。

熟年離婚は、以上のような視点で考えるならば、どんなことがあっても離婚を選択しないで、足元の一番身近な家庭の平和を見出すことが、我々凡人が一番早く幸福をつかむ道または、マズロー欲求5段階説でいうところの自己実現へと直結していくものだと思います。

また、この意味も熟年になってしみじみわかってくることかもしれません。

4　離婚は決して恥ではない、新しい幸福につながるかも

離婚のリスク

次に、大変残念ですが、やむなく離婚に至るケースについてみます。

私は、離婚は決して恥ではないということを、声を大にして申し上げたいのです。

離婚は、一般的には、極力避けるべきですが、次の３つのパターンがあります。
その１　まったく性格が合わない
その２　この人にはついていけない（浪費癖・借金をする）
その３　お互い子供たちのためにも別れたほうがいい（ＤＶなど）
一口に離婚といっても様々なケースがあります。熟年離婚とは、先ほどのいずれかにも該当しないケースで、近年この団塊の世代くらいから目立ってきた離婚です。
あえてことばでいうなら
その４　婚姻生活の長いストレス不満が蓄積され、離婚という形で現れる
その４の婚姻生活の長いストレス不満が蓄積されての離婚のパターンの中で、コロナ禍の影響により、熟年離婚では婚姻生活の長いストレスが原因でしたが、テレワークなどの働き方の変化のなかで、婚姻生活が短くても、熟年離婚のように、耐えきれなく離婚を選択してしまうというのが、現在のコロナ離婚の現状ではないかと思います。
また、今日の日本の社会では、離婚と聞いても、一昔前のように、周囲の人に言いにくい時代ではなくなってきたという時代背景も関連してくるのではないかと思います。
ただ、考えなければいけないのは、離婚により、子供たちが、離婚の当事者以上に苦しんでいるという現実をしっかり受け止めていただきたいと思います。
過日年金分割のご相談を受けた、ご婦人から、早く別れたくて子供さんを元夫に残してやむなく

離婚をされたのですが、年金分割の整理がついていなかったので、時効の2年が経過しないうちにということでのご相談でした。

お話を聞いていると、ご婦人が突然咳を切ったように泣き出してしまいました。目に涙を浮かべながら、子供を残してきたことを本当に後悔されておりました。

ご夫婦がいがみ合って離婚をするのは、そのときはそれでお互いはいいかもしれませんが、時が経過すれば、かわいい子供さんのことが気になって仕方がなくなるようです。私は、別れた子供さんたちは、きっと親以上にこころが傷ついているのではないかと思います。

このような現実もしっかり熟年離婚・コロナ離婚では理解していただきたいと願うものであります。

離婚してしまったならば、後ろをむいても仕方ない

一般の離婚本のように、どうやれば、相手から慰謝料がとれるとか、いかに相手から不動産などの財産分与を少なくするかとか、いかに慰謝料を少なくするかとか、養育費を如何に少なくしてもらうかとかいった、視点では記載してきませんでした。本書は離婚の本ですが、従来の離婚本と違って、如何に離婚しないかを追求してきた本です。

しかしながら、現実問題離婚しなければならないこともあります。しかし、離婚してしまったならば、後ろをむいても仕方ありません。自然界のその他の動物と同じで人間も毎日が勝負生きるか死ぬかの連続の日々です。

逆に、失敗の経験があるからこそ、結婚の良さも悪さも体験しているので、この経験がさらに人生を実りあるものにしてくれるかもわかりません。

私も離婚して、再婚しているので、実感しています。今まで偉そうに離婚するべきでないと主張してきましたが、離婚の経験者であるお前にそのようなことをいう資格はないと、思っている読者の方も多数おられると思います。そのとおりかもしれません。

しかし、年金相談などで、熟年の離婚のお話をお聞きすると、あまりにも熟年男性がかわいそうで仕方がありませんでした。このような、男性のようなことにならないように、熟年男性に何か気づいていただけるキッカケの1つになれば幸いと思い、本書を書こうと思いました。そのことにより、離婚のリスクが1つでも少なくなれば幸いです。

5　男性の再婚は厳しい、女性の再婚はチャンス？

熟年再婚にはかなり高いハードルが存在する

いよいよ最後にきてしまいました。ここでは男性の再婚について考えてみます。

読者の皆さんいかがですか。周りの知人の熟年男性で再婚されて幸福に暮らしていく方はどれくらいいらしゃいますか。

あまりおられないのではないかと思います。それは何故か。ただでさえ、日本は、男性も女性も晩婚化が進んで、40歳代男性・女性を問わず、結婚していない独身貴族がいかに多くなってきているか、ビックリする限りです。

このような世相の中で、まして男性に子供でもいれば、さらに厳しくなってくるのが現実です。このように、男性、しかも熟年再婚にはかなり高いハードルが存在するのです。中には、結婚はもうコリゴリだという方も多数おられます。

また、若くして妻を病気や、交通事故で亡くしたので、再婚はしないという方が多数おられるのも事実です。

人生をより建設的に生きていこうと思うならば、良縁があれば、再度挑戦

60歳で離婚して81歳まで独身で生きていく人生と、再び伴侶と巡り合い81歳まで生きていく。どちらが人生の自己実現への道のりは近いでしょうか。

様々な考えがあるので、一概に論じることはできませんが、人生をより建設的に生きていこうと思うならば、良縁があれば、再度挑戦して、ゲーテのいう自己の家庭の平和を築きあげてもいいのではないかと思います。

やはり、毎日一人で暮らすのと、奥様と二人で会話して一緒に食事をするというのは、なんといっても一人で暮らすことから見れば、健康的で、活気があり、若さを保つことが可能になって

きます。

女性の再婚はどうか

では、女性の再婚はどうかです。

女性のケースでは比較的男性よりは、再婚に関しては有利ではないでしょうか。女性は、80歳、90歳になっても心のそこでは恋人を求めているようです。熟年女性も素敵な男性と巡り合えば、やはり再婚したいと思います。

その証拠にデパート・スーパーに行けば、売り場はほぼ女性が8割を占めています。

また、どのような、スーパー・デパートも売り場の7割は女性の商品で占められていると思います。特に、美への願望は特に強いものを感じます。美しく見られたい、やはり女性は意識しているのです。

男性も女性もマズローの欲求5段階説のように何かに挑戦している方は、やはり輝いている

男性も女性もマズローの欲求5段階説のように何かに挑戦している方は、やはり輝いているように思います。

私はいくら年齢が20歳でも、心が死んでいればそれは、もう老人であり、生きた屍です。

一方、80歳であっても、目標をもち、挑戦の気概のある方は、青年です。別の言葉いうならば、

生涯青春でしょうか。

このような、気持ちで生きていくならば、離婚した男たち、女たちも新しい伴侶に巡り合い、人生を生き抜ていくことになってくると思います。最後にここまで読んでいただき大変ありがとうございます。

読者の皆様のご健康と幸せを心より、祈念申し上げます。

あとがき

本当に最後まで本書に、お付き合いいただき大変有難うございました。深く感謝申し上げます。

10年前に最初の本を出版させていただき、本書で20冊目になりました。実はまさか9年前に出版した熟年離婚の本を再度出版し増刷になるとは、思いもよりませんでした。

12年ほど前から行政書士業務の1つである離婚協議書の作成相談なども多くなってきました。

また、本業である社会保険労務士の業務の1つである離婚時の年金分割の相談などの経験を通して、熟年男性の離婚による、あまりのも寂しい悲しい現実を思うと、なんとかここまでにならないことはできなかったのかとの強い思いにかられます。

ましてや、現在の日本及び世界は未知の新型コロナウイルス感染との戦いで従来の生活スタイルが大幅に変更をされる時代となってきました。その中でも特にテレワークは多くの企業が実施しております。この自宅で仕事をすることによる、妻たちのストレスは男性には理解しがたい世界かもしれません。ここに従来から言われ続けてきた熟年離婚がある意味コロナ離婚と形を変えてきたのではないかと思います。

どうか多くの、熟年男性が、熟年離婚・コロナ離婚に至らないための日頃からの熟年男性の考えや行動などのご参考になれば幸いと思っております。

このような熟年男性への私の気持ち思いが、セルバ出版様の心に響いたのではないかと思います。

また、このような切り口の本も少ないのではないかと思います。

本書が世の中に誕生したことは、セルバ出版様のご支援のお陰と深く感謝申し上げます。

また、本を出版する動機を与えてくれたランチェスター経営で有名な竹田陽一先生や、私が所属している、名古屋の北見塾の北見式賃金研究所の北見昌朗先生、そして、本書のコーディネーターであるインプルーブの小山睦男社長には感謝に耐えない気持ちでいっぱいです。

本書は誰もが、熟年という道を歩んで生きます。その人生の中で、誰もが1度や2度は妻との離婚を考えることがあると思います。

本書が少しでも、離婚のブレーキのきっかけの1つになってくれれば著者としてこの上ない喜びです。

また、本書が熟年男性への応援歌になればと思っております。本当に最後までお付き合いいただき、ありがとうございました。

三村　正夫

【参考文献・データ】
「平成25年度版年金相談の手引き」　社会保険研究所　２０１３年
「離婚時年金分割の考え方と実務」　株式会社民事法研究会　２０１３年
「誰もが天才になれる生き方働き方」　三村正夫　セルバ出版　２０１２年
【参考データ】
厚生労働省　賃金構造基本統計調査

著者略歴

三村　正夫（みむら　まさお）

株式会社三村式経営労務研究所 代表取締役、三村社会保険労務士事務所 所長。

福井県福井市生まれ。芝浦工業大学卒業後、昭和 55 年日本生命保険相互会社に入社し、販売関係の仕事に 22 年間従事。

平成 13 年、金沢で社会保険労務士として独立開業。ランチェスター戦略社長塾を北陸で初めて開催するなど、独自の労務管理を展開している。

モットーは、「社員は一個の天才、会社は天才の集まりだ」で、社長は社員の可能性を信じてほしいと訴える。同郷の五木ひろしの大ファン。歴史の町・金沢をこよなく愛す。寿司と日本酒が何より。死ぬまで働く覚悟。信念は、「人生は、自分の思い描いたとおりになる」。

特定社会保険労務士、行政書士、マンション管理士、ファイナンシャルプランナー（ＣＦＰ）など 22 種類の資格を取得。

著書には『改訂版サッと作れる小規模企業の就業規則』『改訂版サッと作れる小規模企業の賃金制度』（いずれも、経営書院刊）『ブラック役場化する職場、知られざる非正規公務員の実態』（労働調査会刊）『改訂版マンション管理人の仕事とルールがよくわかる本』『改訂版マンション管理士の仕事と開業がわかる本』『超人手不足時代がやってきた！小さな会社の働き方改革・どうすればいいのか』『誰もが一個の天才 コロナウイルスなどに負けない「生き方・働き方」』（いずれも、セルバ出版刊）などがある。

改訂版　熟年離婚と年金分割
―熟年夫のあなた、コロナ離婚などないと思い違いをしていませんか

2013年 11 月20日　初版発行　2015年 1 月14日　第 2 刷発行
2020年 10 月15日　改訂版初版発行　2022年 8 月18日　第 3 刷発行

著　者　三村　正夫　©Masao　Mimura
発行人　森　　忠順
発行所　株式会社 セルバ出版
〒 113-0034
東京都文京区湯島 1 丁目 12 番 6 号 高関ビル 5 B
☎ 03（5812）1178　　FAX 03（5812）1188
https://seluba.co.jp/
発　売　株式会社 三省堂書店／創英社
〒 101-0051
東京都千代田区神田神保町 1 丁目 1 番地
☎ 03（3291）2295　　FAX 03（3292）7687

印刷・製本　株式会社 丸井工文社

Printed in JAPAN
ISBN978-4-86367-617-6